ちくま学芸文庫

最後の親鸞

吉本隆明

筑摩書房

序

生きた親鸞を虚空に描いてみると、かれがひそかに抱いた自誠のようなものを想定できそうにおもえてくる。かれはあくまでも、法然とその法弟にあたる聖覚や隆寛の念仏思想の祖述者として振舞って、念仏者としての自己主張を決して流布しなかった。これが思想的な自誠なのか人格的な自誠なのか、わたしたちは知ることができない。当然、じぶんの見解を流布していい場面で、かれは聖覚や隆寛の著作の註解者として、弟子たちに振舞っているところから、ひそかにそう推察するのである。もうひとつかんがえられる。かれは念仏者としてのじぶんとかかわりなく、ひそかに大乗教浄土門の経典を整序し、その教理を集大成しようとした。ただこれはあくまで、念仏者としての日常の振舞いと別の次元のことで、強いて他言したり公開したりすべきではないとおもい決めていた。

こういう自識を想定したうえで、親鸞の在世中の実像をつくりあげてみると、教信のように一介の捨て聖として、常陸、上野、下野、武蔵、上総、下総、安房のあたりに、あるときは乞いに応じて、あるときはじぶんの方から巡歴していた姿しか、あとに遺されない。かれの人格的な吸引力や、思想的な巨きさや独自性や、それにもかかわらず、僧侶の常識的な戒律にこだわらずに、ごく普通の生活の振舞いをしている姿は、接する人々には強烈な影響を与えずにはおかなかったにちがいない。しだいに親鸞の周辺に、篤学と篤信の在地の人々を中心に、独特な念仏者の集団が形成されるようになった。その集団を律しているようにみえる独自さに、法然の門流として各地に存在した浄土各派と異った点があったとすれば、それは親鸞がじぶんでは自識しながらも、ひとりでに滲みでてきたかれの思想だったとみることができる。この、ある意味では微妙で言葉にとらえにくい親鸞の思想性を、まちがいなく把握したのが『歎異鈔』を伝えた唯円だったとおもえる。この本や親鸞自身の書簡がなければ、わたしたちはじっさいに坂東の念仏者のあいだで親鸞がどう振舞い、なにをどう説いていたかを知ることはできなかったにちがいない。また親鸞が浄土門の思想をどう理解し、それがどこまで自身の肉声となって吐露されていたか、それを人々に説くばあい、どういう口調とどういう勢いで、人々が一般に〈信〉とかんがえていた常態に異和を与えたか。この本によってはじめて如実に知ることができる。

するとわたしたちは、一介の捨て聖として振舞っている無名の念仏者に宿った、巨大な思想という驚くべき矛盾した像を得られる。かれは同時代に、ほとんどじっさいに接した人々のあいだにしか知られなかったし、知られないように振舞った非僧非俗の風態をとった念仏者だった。だがかれが人格的な雰囲気と口調によって伝えたものは、比類のないほど巨大な独自な思想であった。この矛盾したかれの実像が、たしかな姿で得られたならば、親鸞の思想家としての姿はとり出せたことになる。わたしは最後の親鸞と名づけて、じぶんなりの親鸞の実像を描こうとした。

いまわたしに補充すべきことがあるとすれば、大乗教浄土門の教理を整序し、その集大成を志した親鸞の教理像であった。教理として振舞おうとした親鸞は、たぶん、じぶんが望まなかったため、存命中に書きすすめられていることすら、周囲の人々に知られていなかったとおもえる。親鸞はじぶんがやっていた教理上の膨大な著述をおくびにも出さなかったとしかかんがえられない。ここでもまたわたしたちは、親鸞という存在の矛盾につきあたる。かれは浄土思想の集大成を志して、源信の『往生要集』や法然の『選択集』を超える浄土理念をうち出す仕事を、折りにふれてすすめつつあった。それなのにおそらく身辺の人をのぞいて、誰にもそれを知らせようとしなかった。死んだ後に『教行信証』となって結実していたのである。たぶんこの著述は、曇鸞以来の大乗教の浄土門教理を、ある方向にもっとも遠くまでひっぱっていったものので、その意味では浄土教理の極北を意味している。

わたしが『教行信証』の核心として読み得たものは二つある。ひとつは〈浄土〉という概念を確定的に位置づけたことである。ひと口にいえば〈浄土〉というのは、心のある境位のなかに存在するものなのか、それとも死後に往く浄福の世界のことなのか、という素朴に流布されていて、そのくせ本質的な課題にたいして、浄土教理を集大成し、整序しながら、独自に回答したことである。もうひとつあった。親鸞は『教行信証』で『涅槃経』に説かれた大乗教の究極の〈空無〉の理念を是認するため、ひとつの手続きを確定した。ある細々とした道を経ずに、教理だけを一足とびにとりだせば、大乗教の根本義といえども、たんなる人間存在の〈空無〉の強調にすぎない。

これが偉大なアジア的な思想として是認されるためには、人間の存在の過程的な経路を、誤またずに（親鸞の視点から）たどりおおせなければならぬ。親鸞は恐れずに『涅槃経』の立場を是認し、その上でそこへ到達すべき過程を披瀝してみせたのである。このことはいいかえれば、すべての思想につきまとう普遍的な本質を明らかにしたことと同義であった。

この本で書きとめたわたしの『教行信証』のたどり方が、専門の学匠のところまで到達していなくても、いまのところ容赦していただくほかない。ただわたしには、『教行信証』のなかで感銘をうけた教理的な課題は、この二つに帰せられるようにおもわれた。

昭和五十六年六月二十一日

吉本隆明

目次

最後の親鸞

最後の親鸞

おもえばいままで、最後の親鸞というかんがえに、ずいぶん魅せられてきたような気がする。ときには、親鸞、その最後の思想というかんがえにかかわったりもした。しかしいずれにせよ、魅せられたほどにこのかんがえが確かなものかという段になると、とても心もとない。親鸞については、いわゆる三願転入の説があり、三度目に『大無量寿経』の、とくに弥陀如来がまだ法蔵菩薩といったころ発願した四十八願のうち、第十八願をもっとも重しとする絶対他力を撰択したとされている。だが、わたしが想定したい最後の親鸞はそのあとにやってくる。親鸞自身の著述よりも、親鸞が弟子に告げた言葉に一種の思い入れみたいにこめられた思想から、最後の親鸞がみつかるはずなのだ。すると、やはりたれもがよいとみなす『歎異鈔』や『末燈鈔』などを入念にたどるほかない。

『歎異鈔』は、唯円によって集められた語録とされ、『末燈鈔』は、従覚の編となっている。なかに真偽の確かでない章もふくまれているというのが大方の説である。この種の語録が、編者の主観にそって排択される運命にあることは疑うことができない。最後の親鸞にとって、最後の親鸞は必然そのものだが、他者にとっては、遠い道程を歩いてきた者が、大団円に近づいたとき吐き出した唇の動きのように微かな思想かもしれない。わたしには親鸞の主著『教行信証』に、親鸞の思想が体系的にこめられているという考え方は、なかなか信じ難い。一般にこういう考え方の底に流れている〈知〉の処理法に、親鸞自身の思想が満足したかどうか、疑わしいとおもわれるからだ。『教行信証』は、内外の浄土門の経典から必要な抄出をやり、それに親鸞の註釈をくわえたものである。註釈と引用に親鸞の独自性をみつけるほかないが、かりにそれがみつかったとしても、経典の言葉に制約されている。この制約に親鸞をみようとすれば、浄土門思想の祖述者としての親鸞がみつかるだけである。そして、事実そういったものとしかわたしには読めない。最後の親鸞は、そこにはいないようにおもわれる。〈知識〉にとって最後の課題は、頂きを極め、その頂きに人々を誘って蒙をひらくことではない。頂きを極め、その頂きから世界を見おろすことでもない。頂きを極め、そのまま寂かに〈非知〉に向って着地することができればというのが、おおよそ、どんな種類の〈知〉にとっても最後の課題である。この「そのまま」というのは、わたしたちには不可能にちかいので、いわば自覚的に〈非知〉に向って還流するよりほか仕方がない。しかし最後の親鸞は、この「そのまま」というのをやってのけているようにおもわれる。横超（横ざまに超える）などという概念を釈義している親鸞が、「そのまま」〈非知〉に向うじぶんの思想を、『教行信証』のような知識によって〈知〉に語りかける著書にこめたとは信じられない。

　どんな自力の計《はから》いをもすてよ、〈知〉よりも〈愚〉の方が、〈善〉よりも〈悪〉の方が弥陀の本願に近づきやすいのだ、と説いた親鸞にとって、じぶんがかぎりなく〈愚〉に近づくことは願いであった。愚者にとって〈愚〉はそれ自体であるが、知者にとって〈愚〉は、近づくのが不可能なほど遠くにある最後の課題である。『末燈鈔』は、親鸞の言葉をこう伝えている。

いつもの年にもまして、去年と今年は老少男女の多くの人々が死にみまわれたことは痛ましいことです。けれど人の生と死の無常なゆえんは、ことこまかに如来が説きつくしてしまわれているからは、驚きふためくべきではありますまい。もとよりわたし自身の臨終が善悪いずれであるかは、どちらでもよろしいことですが、信心のゆるぎない人は、往生の疑いをもたないので、正定聚の境地に安住しているはずです。それゆえにこそ、愚かで無智の信心の人も臨終を全うすることができます。如来の御はからいたる本願によって、往生を全うすることができると人々に申されたことどもは、すこしも嘘ではありません。年来皆さまに申し上げてきたことに、いつわりはないのです。ゆめゆめ学問ある僧正に理のあるところを訊《き》き質《ただ》したりすることなく、往生を全うすべきものと存じます。なくなられた法然聖人が「浄土宗の人は愚者になって往生するのだ」と云われたことを、たしかに承ったことがありますうえに、物ごとなどなにも知らぬような無智の人々が参られたのを御覧になっては「あの人たちはきっと往生できる」と云われて微笑をもらされたのを、眼のあたりみております。さまざまに理を申し立てて小賢しいような人が参りましたときは「あの人は往生できるかな、おぼつかないこと

だ」と云われるのを、たしかに聞きました。このことは今でも思い出してみることです。（『末燈鈔』六）〔私訳〕

親鸞は、「念仏ヲ信ゼン人ハ、たとひ一代ノ法ヲ能々学ストモ、一文不知ノ愚とんの身ニナシテ、尼入道ノ無ちノともがらニ同《おなじう》しテ、ちしやノふるまいヲせずして、只一かうに念仏すべし」（「一枚起請文」）という法然の垂訓を祖述しているだけかもしれない。けれど法然と親鸞とは紙一枚で微妙にちがっている。法然では「たとひ一代ノ法ヲ能々学ストモ、一文不知ノ愚とんの身ニナシテ」という言葉は、自力信心を排除する方便としてつかわれているふしがある。親鸞には、この課題そのものが信仰のほとんどすべてで、たんに知識をすてよ、愚になれ、知者ぶるなという程度の問題ではなかった。つきつめてゆけば、信心や宗派が解体してしまっても貫くべき本質的な課題であった。そして、これが云いようもなく難しいことをよく知っていた。

親鸞は、〈知〉の頂きを極めたところで、かぎりなく〈非知〉に近づいてゆく還相の〈知〉をしきりに説いているようにみえる。しかし〈非知〉は、どんなに「そのまま」寂かに着地しても〈無智〉と合一できない。〈知〉にとって〈無智〉と合一することは最後の課題だが、どうしても〈非知〉と〈無智〉とのあいだには紙一重の、だが深い淵が横たわっている。なぜならば〈無智〉を荷っている人々は、それ自体の存在であり、浄土の理念に理念によって近づこうとする存在からもっとも遠いから、じぶんではどんな〈はからい〉ももたない。かれは浄土に近づくために、絶対の他力を媒介として信ずるよりほかどんな手段ももっていない。これこそ本願他力の思想にとって、究極の境涯でなければならない。しかし〈無智〉を荷った人々は、宗教がかんがえるほど宗教的な存在ではない。かれは本願他力の思想にとって、それ自体で究極のところに立っているかもしれないが、宗教に無縁な存在でもありうる。そのとき〈無智〉を荷った人たちは、浄土教の形成する世界像の外へはみ出してしまう。そうならば宗教をはみ出した人々に肉迫するのに、念仏一宗もまたその思想を、宗教の外にまで解体させなければならない。最後の親鸞はその課題を強いられたようにおもわれる。

〈わたし〉たちが宗教を信じないのは、宗教的なもののなかに、相対的な存在にすぎないじぶんに眼をつぶったまま絶対へ跳び超してゆく自己偽瞞をみてしまうからである。〈わたし〉は〈わたし〉が偽瞞に躓くにちがいない瞬間の〈痛み〉に身をゆだねることを拒否する。すると〈わたし〉には、あらゆる宗教的なものを拒否することしかのこされていない。そこで二つの疑義に直面する。ひとつは、世界をただ相対的なものに見立て、〈わたし〉はその内側にどこまでもとどまるのかということである。もうひとつは、すべての宗教的なものがもつ二重性、共同的なものと個的なものとの二重性を、〈わたし〉はどう拒否するのかということである。たしかに、〈わたし〉は相対的な世界にとどまりたい。その世界は、自由ではないかもしれないが、観念の恣意性だけは保証してくれる。飢えるかもしれないし、困窮するかもしれない。だが、それとても日常の時間が流れてゆくにつれて、さほどの〈痛み〉もなく流れてゆく世界である。けれど相対的な世界にとどまりたいという願望は、〈わたし〉の意志のとどかない遠くの方から事物が殺到してきたときは、為すすべもなく懸崖に追いつめられる。そして、ときとして絶対感情のようなものを求めないではいられなくなる。そのとき、〈わたし〉は宗教的なものを欲するだろうか。または理念を欲するだろうか。死を欲するだろうか。そしてやはり自己偽瞞にさらされるだろうか。たぶん、〈わたし〉はこれらのすべてを欲し、しかも自己偽瞞にさらされない世界を求めようとするだろう。そんな世界は、ありうるのか？

「老少男女」の多くが、飢えのために眼の前で死んでゆくとき、ただ「生死無常」を説くことは、現実の世界を諦めによって不動なものと定めてしまい、そこからの絶対的な跳び超しを与えるにすぎないのではないか。飢えて死ぬ者たちにとって、必要で充分なことは飢えない現実を出現させることである。親鸞の思想は、ほとんど絶対的にといっていいほど、その具体的な処方をつくっていない。だが浄土真宗は、全力をあげてこの課題に応えなければならない。親鸞の思想は、その精髄を挙げて飢え死ぬものをどうかんがえるのか、どうやって救済するのか、この現実の世界をなんと心得るのか応えなければならなかった。

さきの消息文で、親鸞が「老少男女多くの人々の死」といっているのは、文応元年（一二六〇）前後の飢餓と厄災をさしている。この多数の死が、天候不順による不作のせいか、地震によるものかはほんとうは不詳である。文応元年より三年前の正嘉元年（一二五七）には、関東南部にM七・〇程度の大規模な地震があり、鎌倉では社寺は全滅し、山くずれ、家屋転倒、地割れが生じた。また、三陸沿岸で津波がおこり、多数の被害がでたことが知られている。また、親鸞の妻・恵信尼の消息文に、飢餓のことに直接触れたものがある。これは、文応元年より二、三年後の弘長二年（一二六二）または三年（一二六三）のことであるとおもわれる。

またこの国（越後在）は、去年の作物が、ことに不作で、ひどいことになってい
て、どうも、命をつなげるとも思われません。とりわけ、伝手《つて》のある処なども、
ひどい目にあっています。一ケ所だけでなく、益方の地でも、また、頼みになる
人の領地でも、たいていは、みなかような不作の憂き目にあっていますので、と
うてい喜捨を申し乞うところもありません。

……去年の飢餓の折りに、益方の子と、ここにおいている子と、何ということも
なく育てている幼い子供たちが、年齢のいったもの、年端もゆかぬものなど大勢
いましたが、飢え死にさせまいと心をくだいたので、着物なども売り喰いして、
着るものもろくになくなり、白衣など一つも着るものを持合せなくなりましたの
で……（『恵信尼消息』）〔私訳〕

正嘉から弘長まで数年間の慢性の飢饉状態と天変地異は、親鸞一党が浄土思想を深

化するばあい、ゆるがせにできなかったとおもわれる。これは、法然の『選択本願念仏集』に形成された思想にとって、養和元年(一一八一)前後の不作と飢饉状態と疫病の流行が、重要な意味をもつのとおなじである。「薪(売っている——註)の中に、赤き丹《に》着き、箔など所々に見ゆる木、あひまじはりけるを尋ぬれば、すべきかたなきもの、古寺に至りて仏を盗み、堂の物の具を破り取りて、割り砕けるなりけり。」(鴨長明『方丈記』)「さま〴〵の御祈はじまりて、なべてならぬ法ども行はるれど、更にそのしるしなし。」(『方丈記』)こういうところをみれば、加持祈禱を旨とする天台、真言宗派の無力さと、壮麗な寺院の堂、仏像などが、飢餓状態の民衆には三文の値うちもないことは、民衆自身に骨身にしみていたとみてよい。それならば、どんな理念がこの状態を救済できるのか。すくなくとも天変地異による飢餓や疫病の流行は、民衆にも旧仏教にも、天然に祟られたものとうけとられ、人力でどうにかできるものという発想は稀であった。ただ飢えないものと飢えるものとがいることだけは、はっきりと眼の前にみていた。こういう条件のなかで親鸞は、浄土真宗の思想を形成せねばならなかった。

恵信尼の消息文でも、飢餓によってふりかかってくるかもしれぬ生死のほどは、まったくすんなりと受け入れられている。そして老もうしたふつうの老婆が、あとは往生して「ごくらくへ、まいりあはせ」ることだけを望み、「なほ〳〵ごくらくへ、まいりあひまいらせ候はんずれば、なにごとも、くらからずこそ候はんずれ」と信じて疑わない姿勢だけが、浮び上ってくる。これは、一見するときわめて奇異な印象をうける。すくなくとも、親鸞の未亡人としては諦めがよすぎる。しかし、飢餓と疫病の流行で人が死ぬのは、もともと天候不順と作物の不作のせいで、作物の不作は、天然の意志のなせるわざであるという当時の常識をおいてみると、それほど不都合でないことがわかる。すくなくとも加持祈禱によって、天変地異をなだめようとかんがえるよりも、奇異ではない。

多くの大衆が、天変や不作で飢えて死ぬのを眼の前にみて、親鸞がどうかんがえたか知るよすがもない。ただ『歎異鈔』に、暗示がひとつだけみつけられる。

> ひとつ。慈悲ということには、聖道の慈悲と浄土の慈悲の二つがちがってくる契機がある。聖道の慈悲というのは、ものを不憫におもい、悲しみ、たすけ育ててやることである。けれども思うように助けおおせることは、きわめて稀なことで

ある。また浄土の慈悲というのは、念仏をとなえて、いちずに仏に成って、大慈大悲心をもって思うがまま自在に、衆生をたすけ益することを意味するはずである。今生においていかに人々を愛《いつく》しみ、不憫におもっても、思いのとおりに助けることは難しいから、そうかんがえる慈悲はきりなく続くほかない。そうだとすれば称名念仏の道こそが、終りまで透徹した大慈悲心と申すべきであると、云々。

（『歎異鈔』四）〔私訳〕

わたしたちはここで、とてつもない思想につき当っている。もし、自力と〈知〉によって他者を愛しみ、他者の困難や飢餓をたすけ、他者の悲歎を一緒に悲しもうとかんがえるかぎり、それは現世的な制約のため中途半端におわるほかない。たれも、完全に成遂することはできないからだ。これは諦めとして語られているのではなく、実践的な帰結として云われている。そうだとすれば、この制約を超える救済の道は、現世的な〈はからい〉とおさらばして浄土を択び、仏に成って、ひとたびは現世的な制約の〈彼岸〉へ超出して、そこから逆に〈此岸〉へ還って自在に人々をたすけ益するよりほか道がない。そのためには念仏をとなえ、いそぎ成仏して、現世的なものの

〈彼岸〉へゆくことをかんがえるべきである。それこそが、最後まで衆生への慈悲をつらぬきとおす透徹した道である、と——。

これは比喩でいえば、たすかるはずがない瀕死の病人の傍に、豊富に喰べ物をつんだり、財貨をもってきたりしても、なんのたすけにもならない。それよりも往生して浄土へゆき、そこで仏に成ってから、現世に生れ変って人々を救ったほうがいいと教えているようなものである。こういうかんがえには、どこか異様なところがある。この異様さは、生よりも死後の世界に重さをかけて、救済が判断されているところからきている。瀕死の人々もまた、生きているものの世界に住んでいることにかかわりはない。そうだとすれば、生の側からの慈悲だけが、依然として人々にかかわるはずである。しかし、どんなにかかわっても人々が救済される保証は得られない。むしろ人々は、生きているあいだ救済されないことは確からしい。その場合、死に臨んでいる人々に、死後の世界の浄福を説き、浄福者となったのちに、また現世にもどってくることを教えるとは、いったいどういうことなのか。

笠をかぶり、足をきゃはんでつつみ、きちんとした身なりをした者が、思いつめたように、家ごとにもの乞いをして歩く。困憊しきった者たちが、歩いていたかとおもうと、たちまち道に倒れ伏して、動かなくなる。土塀の外、道傍に、飢死した者たちが、数えきれないほどである。取片つけるすべもわからず、屍体の臭いは、あたりに満ちて、腐ってゆく死体の形の変りようは、目もあてられないことがおおい。まして、河原などには、馬や車の行き来もならぬほど、屍体が転がされている。

また、たいへん哀れなこともあった。離れられない妻や夫を持っているものは、愛の深いもののほうが、必ず先にたって死んだ。それは、わが身のことはあとにして、愛するものをいたわしいと思うから、まれに手に入れた喰い物をも、さきに喰べさせてしまうからである。だから、親子で暮しているものは、きまって親が先に死んだ。また、母親のいのちが尽きたのも知らずに、頑是ない子が、なお乳を吸いながら横ざまに臥せているなどもあった——。

これは、親鸞や恵信尼が記している文応・弘長の頃から半世紀以上もまえ、養和年間の飢饉と疫病のときの、京都の街の有様を『方丈記』から抽きだしたものだが、たぶん、文応・弘長の頃の状態もこれとさしてかわらないものであった。なぜなら物情はもっと騒然としてきたし、天変地異も衰えなかったし、農作や荘園経済が好転した徴候は、どこにも記されてないからである。親鸞が眼のあたりに、こういう光景をみていたと想像してみる。その可能性は、かれが京都にいたとみなせば、元暦二年（一一八五）と寛元三年（一二四五）の二回、関東あるいは越後にあったとして、建保元年（一二一三）、安貞元年（一二二七）、延応二年（一二四〇）、寛元三年（一二四五）、建長二年（一二五〇）の四回あるとかんがえてよい。親鸞にとっては、〈衆生〉をかんがえるときに死者を土台にしてかんがえ、その救済の思想を展開するのに、死後の世界を根本においたとしてもある意味では当然であった。これは浄土門に継承された理念を別にしても、云いうる。すくなくとも加持祈禱のたぐいで、眼前にうち捨てられた死がどうにかなるとかんがえるほうがどうかしているし、どこかから飢えないための喰べ物や、死なないための住家がもたらされるとは信じ難いことであった。

親鸞が消息文でいうように、称名念仏して浄土に生れ変ることこそが、眼前にうち捨てられた死を救う透徹した大慈悲心だとするならば、衆生にとって〈死〉を超えた彼方へゆくことが、〈生〉の唯一の目的でなければならぬ。そんなことがありうるか？　ありうるかどうかはわからない。ただ、虫のように生き、そして生きることが苦痛以外にない衆生がいるかぎり、かれらにとって、浄土へゆけるという信仰が一切の解決であることも確かだった。眼前に捨てられた飢餓の死を、蘇らせることもできないし、飢餓の死を防ぎとめる方途を実現できないとすれば、一念、多念にかかわらず、称名念仏によって一挙に浄土へ横超できると説くことは、異様ではあるが解決のひとつである。もちろん現世的な世界では、苦痛の主調音のなかに小さな愉楽が伴奏され、安楽の主調音のなかに苦痛の小さな棘がささっているものを、個々の生涯とよんでいる。それが、個の生涯をたどるかぎり、たれにとっても実体的なものである。そうだとすれば〈苦〉、〈鬱〉、〈貧困〉、〈時代〉というような単調な音を羅列して世界を構成してみせるのは、誇張にすぎないか、あるいはたんなる宗教的な理路の反映にすぎないのではないか。眼前にうち捨てられて、どこからも救いがやってこない飢餓の群れと屍体をまえに、親鸞の思想は、浄土宗を浄土真宗へと転回させるために、執拗に試みをうけたといいうる。この試みは、現実世界が信心につきつける極限の問いであった。飢餓の群れと屍体の群れから問いかけてくる生々しい試みをどうさばくのか。もし飢餓をなくする処方があるのなら示さねばならないし、遺棄された死の群れを防止する方法があるのならば、語らなければならない。処方も方法もないのなら、ないと認めなければならない。飢餓とか、飢餓の死からの試みが難問なのは、そのいずれも自然死への過程を包括しているからである。自然死が不可避なものならば、死後の浄土の世界の構造を示し、そこへゆくための称名念仏を、もっぱらに強調すればよい。しかし情況の如何によっては、自然死は、飢餓の死や疫病の死の仮面をつけてやってくる。厄介なのは、飢餓や疫病の死にたいしても、やはり称名念仏による浄土への超出を説けば済むのかという点にあった。飢餓や疫病が、天然の意志であるとみなされているあいだ、その死もまた自然死と異ならない。しかし飢餓や疫病が、人間の意志、共同体の意志によって人為的に統御できるはずだとみなされているところでは、死もまた、天然の意志のなかにあらわれた人為的な死になる。だからこそ、死後の浄土と称名念仏とのあいだも、人為的な疑念のまえに立たされるはずである。『歎異鈔』も『末燈鈔』も、人為的な疑念から親鸞の思想に根源的な反問を加え、そして応えをひき出している。

ひとつ。「念仏をとなえても、踊りあがるような歓喜の心があまりわいてこないこと、また、いちずに浄土へゆきたい心がおこらないのは、どうしたことなのでしょうか」と訊ねましたところ、「親鸞もそういう疑念をもっていたが、唯円房もおなじ気持を抱いていたのか。よくよくかんがえてみるに、天に踊り地に躍るほどに喜ぶべきことなのに、喜ぶ心がわいてこないというのは、凡夫のしるしで、ますます『きっと往生できる』とおもうべきではあるまいか。喜ぶべき心を抑えて喜ばせないのは、煩悩がなせる仕わざである。しかるに仏は、そんなことはとうに御存知であって『煩悩に充ちた凡夫』と説いておられることなので、『他力の仏の悲願は、そういう煩悩の凡夫であるわたしたちを必ず浄土へゆかせようということなのだから、そういうわたしたちのために結願されたのだ』ということが判って、ますます頼み依りたい気持でいっぱいになる。また、浄土へいちずにゆきたい心がわかないのに、少しの病の気味でもあれば『死ぬんじゃないだろうか』と心細くなるのも煩悩のなせるわざである。久遠のむかしから今まで、流転をかさねてきた苦悩の古里は棄て難く、まだ生れたこともない安らぎの浄土を恋しくないとおもうことも、よくよく煩悩がさかんにおきている証拠であろう。名残り惜しくおもっても、娑婆にあるべき機縁もつきて、力もなくなって、ひとりでに生の終りにきたときに、かの浄土へゆけばよろしいのだ。仏は、いちずに浄土へゆきたい心をもたない凡夫の者を、ことにあわれとおもわれるのだ。だからこそ、いよいよ、ますます、仏の大悲大願は頼もしくなってきて、きっと往生できるとおもうのだ。念仏をすると踊りあがるような歓喜の心もわき、いちずに浄土へゆきたいとおもうようだったら、かえって仏は『煩悩がないのだろうな』といぶかしくおもわれるにちがいない」と、云々。(『歎異鈔』九)〔私訳〕

念仏をとなえても、嬉しい気持にもならないし、すみやかに往生をとげて浄土へゆきたい気もおこらない。浄土教がいうように、浄土がそんなによいところなら、これはおかしいことではないか。こういう疑念にたいして、そんなことをかんがえるのは信心が足りないからだと応えたとしたら、ただそこらへんにある〈宗教〉にしかすぎない。なぜなら、こういう応えには、たんに自己偽瞞がふくまれるだけではなく、信心の強弱をめどにして、ひとつの価値の秩序が形成されることになるからだ。そしてこの秩序を上昇するために、自らを鞭うって〈信心〉を固くするための修行をおこなうことにもなるだろう。これは、絶対他力の意趣にそむくものだ。『観無量寿経』のなかから「下品」の「下生」の者に着眼し、そこに浄土への正機をみつけることで、価値転倒の契機をつかんだ日本浄土教の思想は、むしろこの〈信心〉の秩序を逆転することに精髄があるはずである。それならば当然、べつの応え方がなければならない。

では、なんという応えがもっとも真に近いのか。

本願他力を本質としても、応えは二通りかんがえられる。ひとつの応え方は、念仏をとなえても喜ばしい心にもならず、そんなに安らぎのある壮麗な浄土へ、いそいでゆこうとおもう心がおこらないとすれば、それは人間にとって〈自然〉なことである。自己偽瞞を避けてなお、弥陀の本願を信じようとおもうなら、この〈自然〉さを媒介にすることは必須の条件である。ただそれは、人間の〈自然〉性を媒介にすることだから、〈信心〉にゆくか〈不信心〉のままであるかは、まったくはかることはできない。そうだとすれば、すでに念仏をとなえるという宗教的行為自体が、無意味ではないのか。念仏などとなえないほうが〈自然〉だとおもわれたなら、人々はその〈自然〉にしたがうだろうからである。

親鸞はここの場面では、ちがう応え方をしている。念仏をとなえても嬉しくもなく、また、いそいで安らぎの浄土へゆこうという気もおこらないのは、人間の〈自然〉さではなく、人間が〈煩悩〉をもっているせいであると応えている。もちろん〈煩悩〉もまた〈自然〉だという考え方はありうる。もしそうなら、この現実世界は、どこまでいっても相対的な世界にすぎなくなる。浄土への契機もなければ、絶対他力への接近もいらない。〈信心〉は棄てられ、悩みはのこる。飢餓も、死ものこる。なぜならば、それもまた〈自然〉さにちがいないからだ。わたしたちが親鸞に接近しうるのは、たぶんここらへんまでである。あとは、親鸞の口からわたしたちに接近する言葉が吐かれるのを、まつばかりである。

〈煩悩〉のせいで、称名念仏も嬉しくなく、いそいで浄土へゆく気にもならないからこそ、かえって「往生は一定」なのだと親鸞がいうとき、この相対的な世界像はすこし揺ぎはじめる。つぎには、下品の下生、悪人にこそ、浄土へゆくべき正機があるとして、いわば〈信心〉の強弱によってできあがる観念の秩序を、逆に転じようとする浄土真宗の真髄があらわれるからだ。では「久遠劫より今まで流転せる苦悩の旧里は棄て難く未だ生れざる安養の浄土は恋しからず」という現世的な執着の世界は、親鸞のようにしかとび超え難いものであろうか？　この現世的な中心のない世界に、風穴をあけることは不可能なのか？　ここでもまた、親鸞は、疑念に応えなければならなかった。

また、あるとき「唯円房は、わたしのいうことばを信ずるか」と云われたので

「おおせのとおり信じます」と申しましたところ「それならわたしの云うことに背かないか」と、再度云われましたので、つつしんでおおせの主旨をうけたまわる旨申し上げましたところ「たとえば人を千人殺してみなされや、そうすれば往生は疑いないだろう」と云われましたが、「おおせではありますが、一人でさえもわたしのもっている器量では、人を殺せるともおもわれません」と申し上げました。すると、「それならば、どうして親鸞の云うことに背かないなどと云ったのだ」と申され、「これでもわかるだろう。何ごとでも心に納得することであったら、往生のために千人殺せと云われれば、そのとおりに殺すだろう。けれど一人でも殺すべき機縁がないからこそ殺すことをしないのだ。これはじぶんの心が善だから殺さないのではない。また逆に、殺害などすまいとおもっても、百人千人を殺すこともありうるはずだ」と申されましたのは、わたしたちの心が善であるのを「よし」とおもい、悪であるのを「わるい」とおもって「弥陀は、その本願の思量できない力によって、わたしたちを助けられるのだ」ということを知らない、ということを云われたかったのである。(『歎異鈔』一三)(私訳)

話の筋は似ていても、新約書の主人公のように、一切誓うなと云っているのでもなければ、おまえたちは明日の暁方、にわとりが鳴くまえに三度わたしを裏切るだろうと弟子たちに云いたかったのでもない。人間は、必然の〈契機〉があれば、意志とかかわりなく、千人、百人を殺すほどのことがありうるし、〈契機〉がなければ、たとえ意志しても一人だに殺すことはできない、そういう存在だと云っているのだ。それならば親鸞のいう〈契機〉（「業縁」）とは、どんな構造をもつものなのか。ひとくちに云ってしまえば、人間はただ、〈不可避〉にうながされて生きるものだ、と云っていることになる。もちろん個々人の生涯は、偶然の出来事と必然の出来事と、意志して撰択した出来事にぶつかりながら決定されてゆく。しかし、偶然の出来事と、意志によって撰択できた出来事とは、いずれも大したものではない。なぜならば、偶発した出来事とは、客観的なものから押しつけられた恣意の別名にすぎないし、意志して撰択した出来事は、主観的なものによって押しつけた恣意の別名にすぎないからだ。真に弁証法的な〈契機〉は、このいずれからもやってくるはずはなく、ただそうするよりほかすべがなかったという〈不可避〉的なものからしかやってこない。一見するとこの考え方は、受身にしかすぎないとみえるかもしれない。しかし、人が勝手に撰択できるようにみえるのは、ただかれが観念的に行為しているときだけだ。ほんとうに観念と生身とをあげて行為するところでは、世界はただ〈不可避〉の一本道しか、わたしたちにあかしはしない。そして、その道を辛うじてたどるのである。このことを洞察しえたところに、親鸞の〈契機〉（「業縁」）は成立しているようにみえる。

ここまできて、この現世的な世界は、たんに中心のない漂った世界ではなく、〈契機〉（「業縁」）を中心に展開される〈不可避〉の世界に転化する。理由もなく飢え、理由もなく死に、理由もなく殺人し、偶発する事件にぶつかりながら流れてゆく相対的な世界ではなく、〈不可避〉の一筋道だけしか、生の前にひらけていない必然の構造をもつ世界がみえてくる。一切の客観的なあるいは主観的な恣意性が、〈契機〉を媒介として消滅することは、〈自由〉が消滅することを意味しているのではない。現世的な歴史的な制約、物的関係の約束にうちひしがれながら、〈不可避〉の細い一本道ではあるが〈自由〉へとひらかれた世界が開示される。

親鸞が、現世の中心にこの〈契機〉（「業縁」）を据えたとき、「苦悩の旧里」である現世と「安養の浄土」とが、称名念仏を媒介として直結するはずだという浄土教の理念は、疑義にさらされたとおもえる。なぜならば、称名念仏に出あわないものがこの世界の外に出るか、あるいは浄土教の理念がこの世界と等身大となるほかに、「苦悩の旧里」と「安養の浄土」とは直結するはずがないからだ。この問題をめぐって、最後の親鸞が決定される。

ひとつ。皆さんが、それぞれ十余ケ国の境を越えて、じぶんの命のことなどかまわずに尋ねて来られた御志は、ただただ往生して極楽浄土にゆくための法道をたずね聞こうとしてのことである。それなのに「念仏より他に往生の道をわたしが知っており、また、それについて経典のたぐいをも知っているだろう」と心にきめておられるとすれば、大へんな間違いである。もしそういうことなら、南都・北嶺にも優れた学者たちがたくさんおられることだから、それらの人々にでも会われて、往生のかなめについて、くわしく聞かれるのがよい。親鸞にとっては「ただ念仏をとなえて、弥陀の本願によって救われるようにしなさい」と優れた先達から云われて、それを信ずるほかに、かくべつの理窟があるわけではありません。念仏はほんとうに浄土へ生れる種子であるのだろうか、また地獄に堕ちるような業であるのだろうか、そういうことは与り知らないことです。かりに法然上人にだまされて、念仏を申して地獄に堕ちたとしても、すこしも後悔する気はありません。なぜならば、念仏以外の修行をはげんで仏になれるはずのものが、念仏を申して地獄に堕ちでもしたのなら「だまされてしまって」という後悔もあるかもしれないが、どういう修行も全うすることができそうもないわが身であるから、どうかんがえても地獄は所せん住家《すみか》にきまっています。弥陀の本願が真実であるならば、釈迦の説教も嘘いつわりであるはずがありません。仏説がまことならば、善導の御釈義も虚言をのべているのではないでしょう。善導の御釈義が真実ならば、法然の云われたことが、そらごとであろうはずがありません。法然のおおせられたことがまことならば、親鸞が申し上げる意趣もまた、虚しいことであるはずがないと云えましょうか。結局のところ、愚かなわたしの信心では、そう思議するよりほかありません。このうえは、念仏をえらびとり信じ申すのも、また棄ててしまわれるのも、皆さまの心にまかせるほかありません、と云々。

(『歎異鈔』二)〔私訳〕

親鸞における〈契機〉(「業縁」)は、客観的なものと主観的なものの恣意性を排除し、いわば〈不可避〉性を深化してゆくとき、当然のように対象である他者の解体にむかうべき構造をもっている。なぜならば、体験を〈不可避〉な契機でだけみることは、ひとつには、その〈不可避〉性が、個々人に固有なものに閉じられてゆく傾向を深めるからだ。いいかえれば、すべての〈契機〉は、ただじぶんにだけ固有な〈不可避〉さをもつが、他者にとって〈不可避〉かどうか、まったくはかりがたいものになるからである。もうひとつは、このような〈不可避〉性を深化してゆけば、ついにそれがはじめに出遇った〈契機〉そのものの重さを超え、〈契機〉そのものを解体せざるをえなくなる。〈契機〉そのものの解体とは〈信心〉そのものの解体である。このことは親鸞の思想では、「面々の御計《おんはからひ》」とか「総じてもて存知せざるなり」とかいう言葉によって象徴されている。「この上は念仏をとりて信じたてまつらんともまた棄てんとも面々の御計《おんはからひ》なり」というとき、親鸞は念仏思想そのものを越境してしまっている。ここに絶対他力そのものをふたたび対象化し、さらに相対化したあげく、ついには解体の表現にまでいたっている最後の親鸞が開始されている。すくなくともわたしには、そうおもえる。

念仏をとなえれば、一念も多念もおなじく、また、善も悪もおなじく浄土へゆくことができる、というイデオロギーは浄土真宗のものであり、いわば、その領内に属している。ところが、このイデオロギーはすぐに、逆に浄土へゆくためには、善人も悪人もともに一遍でも念仏をとなえればよいのだ、という転倒した考え方を生みだすことになった。この倒錯した考え方は、念仏をとなえるという行為と、浄土へゆくという救済の〈契機〉を、単純に因果的に結びつけたところからやってくる。一種の変質、堕落とみなすことができる。しかし、親鸞がかんがえた現世と浄土を結ぶ〈契機〉はひとつの構造であり、けっして因果関係ではなかった。念仏をとなえれば、浄土へゆけるという考え方は、親鸞にとって最終的には否定さるべきものであった。なぜならばここには、個々人の「御計《おんはからひ》」の微かな匂いがたちこめているからである。念仏をとなえるという行為のなかに、微かな自力の目的意識が働いているからこそ、称名念仏と浄土とが、単純に因果の糸で結びつけられてしまう。なぜ、こういうことになるのだろうか。それは〈称名念仏〉と〈浄土〉の概念を、〈契機〉の構造を抜きにして、現世的な、相対的な世界を超えないまま結びつけようとするからである。〈称名念仏〉も〈浄土〉の概念も、いわば本願他力の絶対観念が支配する世界でだけ存在しうるとしなければ、無意味なはずである。そうでなければ、〈易行道〉は文字通り〈安直な方便〉になってしまうからだ。絶対他力という裏返された困難に耐ええないものに〈称名念仏〉も〈浄土〉も無縁である。法然や親鸞の尊重したいわゆる「愚者」は、けっして絶対他力の思想の困難さに耐えている存在ではないが、もともと「御計《おんはからひ》」をもたぬがゆえに、即自的な〈絶対他力〉の実践者であるよりほかない存在である。〈知〉から〈絶対他力〉にまで横超するには、念仏を受け入れてこれを信じようと念仏を棄ててしまおうと「面々の御計《おんはからひ》なり」というところまで、ゆくよりほかはない。そして、ここに念仏一宗を自己解体しようとする親鸞の表現が、位置していた。

よく知られているように、親鸞の思想をえがくのに、その展開の〈契機〉をふくめて〈三願転入〉の過程が語られている。『教行信証』に、それを示唆する文意があるのによっている。

このゆえをもって、愚禿釈の親鸞は、論主天親の解釈をあがめ、宗師善導の導きによって、ずっと以前に、さまざまの修行をおこない、さまざまの善をなすというまだ自力をまじえた仮の門を出て、ながいあいだにわたり双樹林下に荘厳に往生するという考え方を離れて、すべての善の根源、徳の根本である真の門に転入して、ひたすら〈知〉をたよらない他力の往生の心を発起した。しかるにいま、とくに、方便や計《はから》いの名残りをのこした真の門を出て、弥陀の選択された本願に絶対に帰依する広い海に転入し、すみやかに、〈知〉にたよらないだけの往生の心を離れて、〈知〉を絶した絶対他力の往生への道を歩みきろうとしている。弥陀の「果遂之誓」は、ほんとうに根拠があるというべきである。(『教行信証』化身土巻八四)〔私訳〕

この文意は、これだけで親鸞が、あらゆる自力を根こそぎとりはらうにいたる過程を語るものとして明瞭であるが、通常『大無量寿経』にある第十九願、第二十願、第十八願の本意と結びつけて解釈されている。これらの本願の趣意は、ひとくちにいえば、つぎのようになる。第十九願は、多くの人々が、菩提心をおこし、たくさんの徳を積み、懸命に願をおこして仏土に生れようと望むようになって、その人々が、往生の時にさいして、往生をたすけ、荘厳にするために、その人の眼前に多くの人たちにかこまれて弥陀があらわれることがなかったら、覚りをもつまいという阿弥陀の発願をさしている。ここでは、まだ、死に際を荘厳に儀式化し、援助することが、浄土への通路であるとする、観想仏法の名残りがつきまとっている。第二十願は、多くの人々が、仏の名をきき、念じて浄土へゆこうと望んだとして、たくさんの本質にかなう徳をおこない、心から仏の名を聞いて、浄土へゆこうとしないならば、正しい覚りを得まいとする弥陀の誓願である。ここでもまだ、善をおこない、至心をはたらかして、仏を廻向するから、往生は全うされるとみなされている。第十八願は、浄土を信じて、十遍でも念仏の心をもった衆生が、浄土に生れ変れないならば、じぶんは覚りをもつまいという阿弥陀の誓いをさしていて、称名念仏が、救済の本意だという絶対他力の根拠をなしている。そこで第十九願から第二十願をへて、第十八願に転化する過程は、人間的な倫理の高さ低さの差別の否定であり、善と悪との差別を相対化して、〈浄土〉という概念にふくまれている、美麗なところ、清浄なところ、荘厳なところ、豊饒なところという、観想的なイメージの否定を経て、念仏のまえに、一切の人間は等しく〈正機〉に属しているという思想への過程としてみることができる。これはまた、一切の自力の痕跡を現世的な人間から消してゆく過程ともみなされる。

親鸞の妻恵信尼は、親鸞の没後すぐに、弘長三年（一二六三）の娘覚信尼あての消息文で、親鸞の三願転入の実生涯を短い言葉で概括した。

比叡の山を下りて、六角堂に百日お籠りになって、後世を祈られていますと、九十五日目の暁に、聖徳太子が偈文をお告げとして、現身をあらわされたので、おなじ暁に、六角堂をお出になって後世の救いとなるべき結縁に遇おうとしてたずねるうちに、法然上人に出遇われて、六角堂に百日籠られたのとおなじように、また百日、降る日も照る日も、どんなことが起っても、上人の教えをうけに、参上しておりましたが、上人は、後世のことについては、善人にも悪人にも、平等に生死の境を超えるべき道を、ただひたすらにお説きになり、それを拝聞して心を定められたので、上人の行かれるところには人がどう云おうと、たとえ悪道に堕ちてゆくのだと云われても、どうせ世々生々のあいだ迷いつづけたのでこうして現世にいるのだとまで思っているわが身だからすこしもかまわないと、さまざまに人がうわさしたときも、おっしゃっていたことです。

この偈文が、殿（親鸞）が比叡の山で堂僧を勤めておられたとき、山をでて六角堂に百日お籠りになり、後世のことをお祈りになっていた九十五日目の暁に、

太子の姿があらわれてお告げのあった偈文です。御覧くださるようにと、書きしるす次第です。〔『恵信尼消息』〕〔私訳〕

親鸞の彷徨を粗描したこの消息文に、第十九願から第二十願の認識を経て、第十八願に覚醒するまでの生涯の過程が要約されている。ありきたりの秀才僧侶が、一念発起して比叡山を下り、六角堂に参籠し、夢告を得て法然のもとにたどりつき、じかに浄土宗における〈知〉の放棄の仕方を学ぶために、百日かよいつづける。法然が説いたところは、のちに親鸞が記しているように、〈知〉と〈愚〉とにかかわらず、また、〈善〉と〈悪〉とにかかわらず、他力の念仏だけによって生死を超える道であった。しかし結局は、親鸞の理解によれば、本願他力なるものは絶対他力にまでゆくよりほかない。そして、絶対他力にゆくためには、〈知〉と〈愚〉とが本願のまえに平等であり、〈善〉と〈悪〉もまた平等であるというところから、〈愚〉と〈悪〉こそが逆に本願成就の〈正機〉であるというところまで歩むほかなかった。もっとも仏から遠い存在は、自力で仏に近づこうとはしない。いわば、他力にゆきつくよりほかすべがない存在である。だから存在すること自体が、絶対他力に近づく極北であるような存在をさしている。浄土へ往生する易行道は、ただ念仏することだという『大経』の第十八願を、念仏すれば浄土へゆけるといった単純な因果律に倒錯してしまうことから免れている存在は、〈愚〉と〈悪〉とである。なぜなら、死んだあとは浄土へゆきたいというような信心を、じぶんからはけっしておこさない非宗教的な存在だからである。いいかえれば、宗教の領土の外にある存在だからである。最後の親鸞の思想的な課題は、この悪人正機、愚者正機を、どのように超えるかというところにおかれた。その要諦は、親鸞の唇から微かにもれ、もれたあと消えてしまったかもしれない言葉からしか、うかがうことはできない。親鸞自身の著作からは知るよしもなく、ただ、同行のあつめた語録にだけのこされているようにみえる。

法然の「七箇条制誡」をみれば、法然と親鸞の思想的な相異は明瞭である。法然の七箇条は、一、ひとつも主旨を解読せずに、真言や天台止観を（真言宗や天台宗の宗義を）破り、ほかの仏や菩薩を誹謗することをやめること、一、無智の身で、有智の人に抗い、別宗派のものたちにあい諍論をすることをやめること、一、別理解、別宗をおこなう人にたいして、愚痴偏執の心でこれを嫌い嘲笑することをやめること、一、念仏門には戒律なしと称して、婬・酒・食肉をすすめ、弥陀の本願を専ら信ずるものは悪をおかすのを恐れてはいけないなどと説くことをやめること、一、是非もわきまえぬ痴人が、勝手に私説をたて、諍論をくわだて、智者にあなどりをうけ、愚人を迷わすようなことをやめること、一、痴鈍の身をもって、勝手な説を説いて僧俗を教化することをやめること、一、勝手に仏教ではない邪法を正法のごとく云い、偽って師の説なりと称することをやめることなどに要約される。そして「この上なほ制法に背く輩は、これ予が門人にあらず、魔の眷属なり」として、異端、邪説、でたらめに走った初期念仏衆を「制誡」している。親鸞も、またおなじ問題に悩まされ、実子善鸞を義絶さえした。またこの「制誡」の各箇条についていえば、ことごとくおなじことを云ったかもしれぬ。しかし、ただひとつのことが、法然とちがっていた。それは、法然が、ここでは〈知〉の往相（上昇過程）にあって発語していることである。具体的にいえば親鸞も、みだりに諍論し他宗を誹謗することを誡めているし、すすんで悪をなすのは自力の計《はから》いであるとしてこれを卻けている。しかし親鸞は、悪人正機、愚者正機を思想の根機においているから、けっして「制誡」にはならない。「面々の御計《おんはからひ》」になるし「親鸞は弟子一人ももたず」という根拠にたっている。法然は、師として門弟諸流にむかっている。この位相は、親鸞が、実質的には直弟子も門弟もあって、師としてふるまう場面があっても、けっしてとらない位相であった。親鸞は「是非しらず邪正もわかぬこの身なり　小慈小悲もなけれども　名利に人師をこのむなり」(「自然法爾章」)と述べた。法然は、眼にあまる念仏宗義の曲解や、ときには乱行を眼のあたりにみて、自己に制約してくる結果を感じとって、この「制誡」に及んだ。〈知〉の往相をまったく揚棄した親鸞にとっては、信も不信も「面々の御計《おんはからひ》」といえばよかった。自己にふりかかり、浄土真宗にふりかかる迷惑や排斥や誹謗のごときものは、問題ではなかった。もともと誹謗せられずとも、自己は最低の誹謗の世界の住人だとおもっていたから。法然と親鸞のちがいは、たぶん〈知〉(「御計《おんはからひ》」)をどう処理するかの一点にかかっていた。法然には成遂できなかったが、親鸞には成遂できた思想が〈知〉の放棄の仕方において、たしかにあったのである。

悪人正機、愚者正機をさらにどう超えるか？　この課題は最後の親鸞にとって、たぶん二つの形であらわれた。ひとつは〈称名念仏〉と〈浄土〉へゆくという〈契機〉を、構造的に極限までひき離し解体させることである。いいかえれば、念仏することによって浄土へと往生できるという因果律から、第十八願を解き放つことである。これを解き放てば、当然、称名念仏するものはかならず浄土へと包摂してみせるという弥陀の第十八願の意趣もまた、相対化され解体せざるをえない。

このうえは、念仏をえらびとり信じ申すのも、また棄ててしまわれるのも、皆さまの心にまかせるほかありません。(『歎異鈔』二)〔私訳〕

念仏はほんとうに浄土へ生れる種子であるのだろうか、また地獄に堕ちるような業であるのだろうか、そういうことは与り知らないことです。(『歎異鈔』二)〔私訳〕

なにが善であり、なにが悪であるか、というようなことは、おおよそわたしの存知しないことである。なぜなら如来の心によって善しとおもわれるほど徹底して知っているのならば、善を知っているともいえようし、如来が悪しとおもわれるほど透徹して知っているのなら、悪を知っているともいえようが、煩悩具足の凡夫、火宅無常のこの世界は、すべてのことがみなそらごと、たわごとで、真実あることなどないのだが、ただ念仏だけがまことである。(『歎異鈔』後序)〔私訳〕

だからじぶんで「浄土へ行くだろう」とも、また「地獄へ往くだろう」とも定めてはいけない。（『執持鈔』二）〔私訳〕

だから、ふだん日常の一念によって、往生が得られるか否かは定まるものである。ふだんのときに、心が定まらないでいると、往生はかなわないだろう。ふだんのとき善き先達の言葉のもとに、帰命の一念を発起できたら、そのときをもって娑婆のおわり、臨終とおもいなさい。（『執持鈔』五）〔私訳〕

このことから、「たとえ牛盗人といわれても、あるいは善人、あるいは後世《ごせ》を願う聖とか、仏法を修行する僧侶とみえるように振舞ってはならない」と（親鸞聖人は）云われたことだ。（『改邪鈔』三）〔私訳〕

これらは、親鸞の語録と称せられるもののどこかに、吐息のようにつけ加えられている言葉である。ひとくちにいって「存知せざる」の言葉、「面々の御計《おんはからひ》」の言葉とでも要約することができよう。これらの言葉に象徴されるのは、絶対他力の方法と、絶対他力をも解体させてしまう吐息のような方法とである。〈念仏〉が浄土へゆくよすがとなるのか、地獄へ堕ちる種子かは、わが計《はから》いに属さないと云うとき、如来への絶対帰依が語られていると同時に、親鸞自身の思想にとっては、〈浄土〉と〈念仏〉との因果律を絶ちきって、ある不定な構造に転化していることを意味している。これは、牛盗人といわれるのはかまわないが、善人づらや念仏者づらがみえるように振舞ってはいけないという『改邪鈔』の言葉にも照応している。おなじことは「『不得外現賢善精進之相』といふは、浄土をねがふ人はあらはにかしこきすがた、善人のかたちをふるまはざれ、精進なるすがたを示すことなかれとなり」という『唯信鈔文意』の言葉とも照応している。さらに解体の〈契機〉を深化してゆけば、「この上は念仏をとりて信じたてまつらんともまた棄てんとも面々の御計《おんはからひ》なりと、云々。」（『歎異鈔』二）のように、〈念仏〉という浄土真宗の精髄を、信ずるか否かも、心のままであるという徹底した視点があらわれてくる。これは、すくなくとも宗派人（党派人）としての親鸞の、自己放棄を意味する言葉である。なぜこういう言葉が可能なのかは、この文の前脈をみればはっきりしている。親鸞が〈信心〉を、時間的な連鎖としてとらえているからである。

〈弥陀の本願〉なるものに、人々が直接向きあったところでは、他力の信心はいわば易行道として人々の前にあらわれる。このばあい〈信心〉は、観念の拡がりの世界である。親鸞がここで云っているのはそうではない。〈弥陀の本願〉が真実ならば、〈釈尊の説教〉も、虚言ではないはずだ。〈仏説まこと〉ならば、〈善導の御釈〉も、うそではないはずだ。〈善導の御釈〉が真ならば、〈法然の仰《おほせ》〉は、そらごとであるはずがない。〈法然の仰〉が真実ならば、「親鸞がまをす旨」もまた、むなしくないと云ってよいだろうかというように、他力の時間的な移譲の連鎖が、とり上げられている。なぜならば、こういう媒介者の思想的な連鎖をたどるのでなければ、じぶんのような「愚身の信心」では〈弥陀の本願〉に到達しないからというのが、親鸞のとっている論理である。思想が、人格に時間的に負荷されて、究極に達するという考え方をとるならば、信心もまた負荷された生身の人格によって左右されるはずである。そうならば、つねに現世的な関係の世界に、信心と不信心の〈契機〉はひきもどされることになる。これは浄土真宗にとって、いいかえれば〈念仏〉と〈浄土〉とをつなげる他力思想にとって、世界を現世的な人格に制約することになり、矛盾である。すくなくとも〈宗派〉の共同性は、存在すべき根拠をもたないことになる。どんな場合も〈宗派〉は、勧入や依信の動機と必要なしには、内在的には根拠をもたないからである。親鸞が「この上は念仏をとりて信じたてまつらんともまた棄てんとも面々の御計《おんはからひ》なり」というとき、布教を放棄しているとみるほかはない。またかくして、最後の親鸞には「一人《いちにん》が為《ため》」という転機がおとずれているようにみえる。そしてこの「一人が為」は、ただ〈弥陀の本願〉の真理があるだけという思想と微妙に剝離しながら、しかし紙一枚で合体している。

ひとつ。もっぱら念仏をおさめる同朋たちのあいだで「あれはわが弟子、あれはひとの弟子」という諍い合いのあることは、もってのほかのことである。親鸞は弟子一人ももってはいない。そのわけは、じぶんの計《はから》いでひとに念仏をすすめればこそ、弟子ということもあるだろうが、ひたすら弥陀のうながしにあずかって、念仏をとなえる人々を「わが弟子」と申すことは、きわめて無態なことである。つくべき縁があれば同伴し、はなれるべき縁があれば離れることがあるだけなのに……。（『歎異鈔』六）〔私訳〕

弥陀の五劫にわたる思惟の願を、よくよくかんがえてみると、ただただ親鸞一人の為にある。そうとすれば幾多の業をもつわが身であるのを救済しようとおもい、発願された弥陀の本願のかたじけないことよ。（『歎異鈔』後序）〔私訳〕

ひとつ。そのことで念仏に関わることについて、困惑されているように聞いております。かえすがえすお気の毒におもいます。つまりは、その場所のえにしが尽きたということではないでしょうか。念仏をとなえることに障害を加えられるというようなことを、歎かわしくおもわれるべきではないとおもいます。念仏を禁止する人こそなにかの目にあうかもしれませんが、念仏を申される人には、なんの苦痛がありましょうか。ほかの無縁の人々をたよって念仏をひろめようと企てたりすることは、けっしてあってはなりません。あるひとつの場所に念仏がひろまってゆくことも、仏の御心次第でそうなるのでしょう。慈信坊（善鸞）がいろいろと云うことによって、人々の心ものせられて、いろいろに動揺したりするということを承りました。かえすがえす情けないことです。ともかくも仏のお心のまにまにお任せになるべきでしょう。その場所でのえにしが尽きてしまっていた

ら、どこかほかの場所に移られて、在住されるよう、事を運んでください。（『親鸞聖人御消息集』八）〔私訳〕

こういう示唆は、じっさいその土地の現場で、さまざまな障害を蒙って布教している念仏者たちにとって心もとなく、消極的にすぎると受けとられたかもしれない。しかし親鸞は、理念の優位が結局は、現実の優位をみちびくのだから耐えよ、と云っているとはおもわれない。むしろ、本心をそのまま披瀝しているだけだったとみなしたほうがいい。最後の親鸞の思想からすれば、念仏に無縁な人々の力を利用して、無理に念仏をひろめることなど意味がないし、もともと障害と圧迫がある土地に、無理に滞留して念仏の勢力を植えつけることなどには、なんの意味もないから、別の場所に移ればよいというだけのことだった。〈えにし〉の尽きてしまったところに、有縁の〈契機〉を復元するために努力することなどには、それほどの重さをおくことはできない。なぜならば、〈えにし〉とは、親鸞にとっては不可避的な〈契機〉であり、ただ不可避的にあちら側からやってきた〈契機〉だけが、行為に道をひらくなにかであった。この受動性は、たんなる受動性とはみえない。汝等を受け入れなければ、その街を去るとき足の塵を払えという新約書の言葉とおなじ含みで迫ってくる。

親鸞にとっては、たぶん念仏一宗の興廃はどうでもよかった。称名念仏によって、浄土へゆくか地獄へゆくかはどちらでも、人間の計《はから》いに属さない。こういう境涯に到達した親鸞にとって、念仏一宗の命運が問題であったはずがない。まして他宗派が問題となりえようか。

当時、専修念仏の人と聖道門の人とが論争をはじめて「わが宗派こそ勝れている、ほかの宗派は劣っている」と主張したりしたので、法敵もあらわれ、仏法をそしることも生じたりしたのだ。しかしこういうことは、自らじぶんの法をそしり破ることではないか。たとえ、おおくの宗門が挙げて「念仏は下根の無智な人のためにするもので、その宗の思想は浅くいやしい」と云ったとしても、ことさらに争わないで「われわれのような下根の凡夫、一文も字を読むことができないようなものが、信ずれば救われる旨をきいて信心したものだから、たとえ上根の人にとってはいやしくても、わたしたちのためには最上の法です。たとえその他の宗派の教える仏法が勝れていたとしても、じぶんは、その器量が不足だから、勤めるわけにはいかない。じぶんも他の人々も、生と死の問題を超えてしまうことが、仏たちの本質的な意志であるのだから、障害を加えたりするべきでない」というように、憎しみをもたないようにすれば、どういう人とても仇をするはずがない。

（『歎異鈔』一二）〔私訳〕

当然、法然の「一枚起請文」や「制誡」の主旨を受けて云われている言葉である。法然の矛盾は、念仏専修の者は〈愚者〉や〈下品・下生〉のものこそ尊いとして入信を誘いながら、「無智の身で、有智の人に抗い」（「制誡」）諍論を仕かけたり、みだりに私説をたてたりしてはならないと「制誡」せざるをえないところにあった。親鸞の思想は、〈知〉の放棄の方法において、もっとはるかに徹底的であったから、法然のような矛盾は生じなかった。そのかわりに親鸞の思想は、浄土宗の本義を越境せざるをえなかったとおもわれる。べつの言葉でいえば、〈念仏〉と〈浄土〉との関係は、ほとんど解体へ紙一重のところまで切り離されたといってよい。

聖道門の人々とのあいだの争いなど、どうせたいしたことはない。念仏一宗が下根の凡夫の盲目のような信心に支えられていると非難されてもよい。聖道門の宗義が、支配者に近い僧衣の知識人の加持祈禱に支えられていようと、貴方たちの宗派は上根有智の及びがたい人々の宗教だ、といっておいてやればいいではないか。これが親鸞の云いたいことであった。

宗派のあいだの争いは、そう簡単にはできていないという立場は、現世的な世界に執着しているところから生ずる。親鸞は、もともと相対的な世界は、この現世であり、現世とは、人間が仮りの姿で存在する世界のひとつにしかすぎない、という立場に立っている。そうかんがえなければ、われわれは下根の凡夫だから、易行念仏の宗旨にしたがっているだけで、他宗が勝れていても、器量がないのでどうしようもない、他宗のそしりがあっても、分を知って争うなという言葉は、居直りとしか響かないはずである。しかしここでも、汝、右の頰を打たれたら左の頰をもさし出せ、という新約書の言葉が、隣人愛の表現とはおもえないように、親鸞はけっして、そしりを受け入れ争うな、と説いているとはおもえない。そうおもえるとすれば、現世的な世界に封じられた視点に身をおくからである。ここで親鸞がいやおうなしに表現しているのは、他力往生を本旨とする浄土真宗そのものの解体であり、同時に他宗派の無化である。他宗派と争うなという意味は、念仏のあいだで諍論するな、あらゆる計《はから》いは如来の本願の方にあって、じぶんたち人間の方にはただ絶対に自力をたのまない態度しかない、という考え方の延長線上にやってくる。だから、他の宗派をも受け入れよというのではなく、他力の絶対性をさらに解体したため、宗派的信仰そのものを拒否する視点があらわれたのだ、とみるほかはない。

最後の親鸞を訪れた幻は、〈知〉を放棄し、称名念仏の結果にたいする計《はか》らいと成仏への期待を放棄し、まったくの愚者となって老いたじぶんの姿だったかもしれない。

「思・不思」というのは、思議の法は聖道自力の門における八万四千の諸善であり、不思というのは浄土の教えが不可思議の教法であることをいっている。こういうように記した。よく知っている人にたずねて下さい。また詳しくはこの文では述べることもできません。わたしは眼も見えなくなりました。何ごともみな忘れてしまいましたうえに、人にはっきりと義解を施すべき柄でもありません。詳しいことは、よく浄土門の学者にたずねられたらよいでしょう。(『末燈鈔』八)〔私訳〕

眼もみえなくなった、何ごともみな忘れてしまった、と親鸞がいうとき、老もうして痴愚になってしまったじぶんの老いぼれた姿を、そのまま知らせたかったにちがいない。だが、読むものは、本願他力の思想を果てまで歩いていった思想の恐ろしさと逆説を、こういう言葉にみてしまうのをどうすることもできない。

和讃——親鸞和讃の特異性

親鸞の和讃の性格は、ひとことで〈非詩〉的であるといってよい。この〈非詩〉性は、たぶん親鸞の和讃が、経典の偈文のように着想されたところからきている。もっと直接性をたどれば、善導が集撰した『往生礼讃偈』の影響のもとにかかれたためと、みることができよう。偈文の一般的な性格は、経文の内容を韻文で要約しながら繰返すところにあり、その本質は〈詩〉的というよりも〈劇〉的なものの一環をなしている。親鸞の和讃のもつ〈非詩〉的な性格も、これとちがっていない。ただ、かれの和讃もいやおうなく中世歌謡の一般的な性格のなかにおかれている。そのためその〈非詩〉性を、中世歌謡の流れにおいてみることが、かれの和讃の在り方をはっきりさせることにつながってゆく。

　哀傷の和歌が二句今様につながり、挽歌が長句の仏教歌謡と接触している中世歌謡のふつうの傾向をおもいうかべれば、二つが合流するところに、中世歌謡の詩的性格を描くことができる。このばあいの詩的な性格は、人間存在の〈はかなさ〉と自然の〈あはれ〉に、もっとも滲み入るようなあらわれ方をとった。中世のはじめ、戦乱と飢餓とが慢性状態にあり、都の辻にも郊外の土塀の外にも、きのうの生者がきょうはむくろになって横たわっているといった光景にであうことは、けっして稀ではなかった。そういうありふれた体験に眼を凝らすかぎり、『大経』のいう「五悪」の汚濁は、たれもが日常に痛切に実感できるものであった。この実感を受け入れるかぎり、歌が、現世の死や汚濁にまみれた生のすがたに〈詩〉をもとめたのは当然である。これを〈あはれ〉として流すか、救済の〈ほのか〉な幻として描くかが、文学的哀傷と宗教的哀傷とをわかったといってよい。

　親鸞の思想にもともと哀傷はない。かれは『大経』のいう現世の「五悪」の世界を、〈あはれ〉とも厭離すべき穢土ともみなさなかった。むしろ衆俗がしているのとおなじように、ひき受けて生きるべき糧にほかならなかった。現世を汚穢に充ちた世界とみなし、すこしでもはやく浄土を欣求すべきだとするのは、当代の〈僧〉と〈俗〉とに通底した理念であり、親鸞がけっしてとらなかったところである。〈非僧〉、〈非俗〉が親鸞の境涯であった。いきおい親鸞の和讃は、中世的な流行の〈あはれ〉や〈ほのか〉な救済の微光を唱うべき根拠をもたなかった。「善機の念仏するをば決定往生とおもひ、悪人の念仏するをば往生不定とうたがふ、本願の規模こゝに失し、自身の悪機たることを知らざるになる」(『口伝鈔』四)というのが、かれの実践的な理路がたどりついたところであった。〈非僧〉、〈非俗〉というのは、はじめはかれの越後配流生活が強いた生きざまだったろうが、この生きざまから逆に思想としての〈非僧〉、〈非俗〉を導きだしたのは、親鸞の独力の思想的営為である。そのために、かれがはじめにやったのは、弥陀の「五劫思惟の本題」が人間の存在の仕方を根こそぎ転倒するものだ、というように『大経』を読みかえることであった。そうだとすれば、すすんで悪をつくることは、かえって往生の正機を獲ることではないか。こういう疑惑は、のちに親鸞教の内部におこったが、親鸞は、すすんで悪をつくるところには、必然的に自力が働くがゆえに、本願他力の意趣にそむくものとして卻けている。まだ疑義はおこりうる。親鸞のいうのが正しいとすれば、「五悪」に充ちた現世は、人間存在の仕方のネガティヴな受容器にすぎないのではないか。たしかにそうだが、そのために人間はただ不可避的な契機のみを生きなければならない。そこにだけ、浄土へ超出する正機がひそんでいる。こういう親鸞の現世観に〈あはれ〉や〈はかなさ〉や〈ほのか〉な象徴があらわれるはずがなかったのである。

また、曇鸞の『浄土論註』は、親鸞がもっとも影響をうけた著作のひとつだったが、すでにそこから、親鸞は透徹した生死の概念を自得していた。その水準でいえば、人間の生死の無常が、感性的な〈あはれ〉や〈はかなさ〉や〈ほのか〉によって把握されることはありえなかった。

あまたの生死を繰返して受けつぐゆえに、衆生と名づけようとするのは、いってみれば小乗の仏法者が云う、現世三界のなかでの衆生の名義であって、大乗の仏法者の云う衆生の名義ではない。大乗の仏法者の云う衆生とは、『不増不減経』に述べられているのに似ている。衆生というのは、すなわち不生不滅のこと（もの）を意味している。なぜだろうか。もし生があるならば生きおわってまた生きかえるだろう。尽きることのない罪業があるからである。不生であって生の罪業があるからである。それゆえ（衆生は）無生である。もし生があるならば滅もあるだろう。すでに生がないならばどうして滅もありえよう。それゆえに無生無滅というのが、衆生ということ（もの）の意味である。（『浄土論註』巻上「観察門」）〔私訳〕

すでに生死の問題は、曇鸞では、現世三界を超出したところに根拠がおかれた。親鸞は、その決定的な影響下に人間の生死の意味を組みかえたといいうる。これは、念々の時間がすでに往生の決定するところだという云い方をとっても、現世における人間の存在はただ、たまたまおかれた場所的契機の表出にほかならないという云い方をとっても、おなじことであった。

いま、親鸞の「浄土和讃」をとってみれば、「大経意」、「観経意」、「弥陀経意」、「諸経意」、「現世利益和讃」、「首楞厳経ニヨリテ大勢至菩薩和讃シタテマツル」というように構成されている。親鸞のモチーフによって云いなおしてみれば、まず『大無量寿経』、『観無量寿経』、『阿弥陀経』といういわゆる浄土三部経の大意を、和讃のかたちで逐次的にまとめたのち、浄土門の諸経意から、弥陀仏について説かれたところをえらんで要約している。最後に阿弥陀仏の左右に観世音とともに侍す勢至菩薩の讃をのべ、暗に勢至の化身とみたてた法然への傾倒と讃歌をうたうということになっている。こういう逐次的な要約の仕方は、親鸞の和讃が善導の『往生礼讃偈』にならったもので、中世歌謡にならったものではないことを意味している。だから、まず本意(経意)を逐次的に和讃で要約しながら、一般的な欣求浄土への「帰命」がのべられる。

では、親鸞の和讃にしめされた三部経のとりまとめ方は、どんな特徴をもっているか。どの部分をとってもおなじやり方をしているが、たとえば「大経意」についてみると、はじめにきわめて叙事的に『大経』の記述を要約し、つぎにかなり自在に「四十八願」の要旨をかいつまんだあとで、結語にあたる和讃をじぶんのとらえ方に則してつくっている。

大寂定ニイリタマヒ
如来ノ光顔タヘニシテ
阿難ノ慧見ヲミソナハシ

問斯慧義トホメタマフ
如来興世ノ本意ニハ
本願真実ヒラキテゾ
難値難見トトキタマヒ
猶霊瑞華トシメシケル　（「大経意」三・四）

これは『大無量寿経』のつぎの個所に対応している。

仏、いいたもう、「よいかな、阿難よ。問えるところ、甚だ快し。（汝）深き智慧と真妙の弁才を発し、衆生を愍念して、この慧義を問えり（問斯慧義）。（そもそも）如来は、無蓋の大悲をもって、三界を矜哀《こうあい》したもう。世に出興したもう所以は、道教を光闡し、群萠《ぐんもう》を拯《すく》い恵むに真実の利をもってせんと欲してなり。（かくのごときの諸仏は）無量億劫にも、値《あ》い難く見たてまつり難きこと（難値難見）、なお、霊瑞華の時々にすなわち出ずるがごとし（猶霊瑞華時々乃出）。」

これが、ほぼ逐次的な抄出にあたることがすぐに理解される。このあとに四十八願の摘出がきて、結語にみちびかれる。特徴的なことは、親鸞の「大経意」和讃が、浄土の荘厳で調和的なすがたを描写した『大無量寿経』の個所にまったく関心をしめしていないことである。本来ならば勧説の意味から必要な個所にもかかわらず、とりあげていないことは、親鸞の和讃が、啓蒙よりも三部経の要約に重きをおいているところからきている。これは時衆系の「極楽六時讃」などが、おなじように『往生礼讃偈』の「六時礼讃」の偈をまねて、「衆宝国土の境界の　寂静安楽なるをみむ　光も声も静にて　昼の境にことならむ」、「琪樹のしげれる間には　宮殿光りあきらけし　瑶池のすめる底には　金銀いさごてらせり　洲鶴眠りて春の水　裟婆のふるきさとにおなじ　塞鴻啼て秋のかぜ　閻浮の昔の日に似たり」（「半夜」より）というように、まともに安楽浄土のありさまを描写しているのとちがっている。まったくおなじように、『大無量寿経』のなかで、現世の憂苦を描写したいわゆる「三毒段」は、親鸞の和讃では素通りされている。おそらく親鸞には、そんなことは問題でなかった。親鸞にとって、現世の憂苦こそは浄土への最短の積極的な契機であり、これを逃れるところに浄土があるという思想は、すでに存在しなかった。だが、時衆では、現世が憂苦であるがゆえに、浄土は一刻もはやく現世を逃れて到達すべき荘厳の地であった。このちがいは親鸞の思想を、浄土宗一般とわかつかなめであった。時衆系統の特異な小思想家たちをみると、現世不信、穢土厭離を生理的にまで追いつめて、一刻もはやく死にたい、むしろ生きながら現身を死んだものとみなしたい、という被虐的な願望にまで徹底化している。これはどういうことになるのか。はじめには現実の世界は、人間の欲望と不信と争いの、とうてい浄化されない境涯であるがゆえに、死んで後にかんがえられる理想境にいたりたいという欣求であったものが、問いつめと、生理的な現世嫌悪の修練によって、いわば肉体的ともいってよい自己抹殺の絶対化にいたる。自己抹殺を絶対化するためには、自己の絶対化が前提になければならない。時衆系の無名の小思想家たちは、ほとんど観念の即身仏志向にまでつっぱしったのである。そこで、またしても原初的な問いがうまれてくるはずであった。いかにして相対的な関係としてしか存在しえない人間に、絶対的な自己抹殺の観念が宿りうるのか？　というように。かれらのうち優れたものは、おそらく、原始的な修験者とおなじような、苛酷な苦行をじぶんに課することで、自己抹殺即浄土の思想を実践しようとした。あるいは死にいたる自己処罰を肉身にくわえるまでにいたったたといいうる。

親鸞は、この過程の不可避性を洞察した唯一の思想家であった。かれが〈真宗〉を名告ったとき、源信から法然へと、ほとんど自然のように手渡された日本浄土思想は、決定的に旋回された。〈非僧〉、〈非俗〉の境涯は、親鸞によって確立され、妻帯し、子を産み、この現世の不信と、造悪と、愛憐は、あたかも衆俗とおなじようにひき受け肯定されるべきものとなる。これは〈非僧〉である。なにが〈非俗〉なのか。俗とおなじ現世の〈あはれ〉と〈はかなさ〉と〈不信〉とを、いわば還相の眼でもって生活するところに〈非俗〉の真髄があった。親鸞の思想にとって、この世が「五悪」に充ちていながら、「五悪」を肯定して生きるべきものとかんがえられていたとすれば、かれの和讃に現世の〈はかなさ〉や〈あはれ〉や〈嫌悪〉が、強調されてあらわれなかったのは当然である。むしろ一遍ら時衆の思想家に、それが強調され、感性的に流れ込んでいった。

時衆の祖一遍の「百利口語」のはじまりは、

六道輪廻の間には　ともなふ人もなかりけり

独《ひとり》むまれて独《ひとり》死す　生死の道こそかなしけれ　（『一遍上人語録』編者不明）

こういう、現世の生死の〈はかなさ〉や憂苦を唱うことには、どういう意味があるのか。この個処は、『大無量寿経』の「人、世間の愛欲の中に在りて、独り生れ、独り死し、独り去り、独り来る（人在世間愛欲之中、独生独死独去独来）」からきている。あたりまえなことが唱われているといえばそれまでだが、死の独一性を自覚的にとりだしている点で、読むものにどきっとさせる認識をふくんでいる。『大経』のこの個処を和讃にしたのは、一遍の見識に属していよう。また、詩的な修辞としてのよさも評価される。人間はたれも、〈生きている〉ということのさ中では、その状態を永続的なものとかんがえて安心している。たまたま、近親や、他人の飢餓の死、病死、戦乱の死を眼のあたりにみて、その瞬間だけは生死の〈はかなさ〉を垣間見るが、すぐに忘れはてる。なぜならば、死を忘れていることは、生の重要な条件だからだ。忘れなければ絶対的なすがたで個を襲う〈死〉という暴力をこらえることはできない。それでも〈生〉の〈はかなさ〉と〈死〉の絶対的なすがたを、自覚的に強調するとすれば、人々に〈死〉を超える信仰を勧進しているからである。親鸞にとっては、おのずからそうなったとき死を受け入れればよい、という問題であったが、時衆思想にとっても、その詩的な感性にとってもここは、重要な一事であったらしい。

人は男女に別れども
赤白二つに分たれて
生ずるときもただひとり
死するやみ路に人もなし
（「鉢叩和讃」）

昨日みし人けふはなし
けふみる人もあすはあらじ
あすともしらぬ我なれど
けふはひとこそかなしけれ
（「宝篋印陀羅尼経料紙　今様」）

をのづから相あふ時もわかれても　ひとりはいつもひとりなりけり
（一遍「市屋道場御化益」）

これは、偶然よせあつめたものではない。哀傷の和歌、仏教今様から浄土―時衆系統に流れてゆく詩的な感性では、まず、現世の無常と憂苦の世界が描写され、称名念仏によって浄化され、浄土へ逃れられるという経路は一般的になっている。これほどに現実社会の生の成り立ちを〈無化〉してしまう感性が、流布され、唱導された有様を想像すると、異様な気がするが、中世のはじめになるとこういうことを、あるばあい鳴物入りで唱導して歩く時衆の群れも、それを芸能的なパターンとして受け入れる大衆的な情況もあった。そこだけとりだしてみれば、異様な〈死のう〉集団の発生とみてもよかった。もちろん、このパターンは『大経』のいわゆる「三毒段」の描写が原形になっているともいえる。

『大経』の描写によれば、まず、現世の人間は、尊卑、貧富、少長、男女にかかわらず「銭財」のために心を労して安らぎの時がない。田あれば田を憂い、家宅があれば、それも心配のたねになり、牛馬や奴婢や衣食、財物等々があれば失うことをおそれ、なければないでこれを得ようと心労する。

また、父子、兄弟、夫婦、親族等々は、いつも諍い、恚怒し、毒を含み、憤りをたくわえる。また社会は妄言、綺語のたぐいをほしいままにし、闘乱がたえず、善人を憎嫉し、賢明の人をそこなう。また、恩に背き、義に違反し、酒色にふける。「善人は善を行じて、楽より楽に入り、明より明に入る。悪人は悪を行じて、苦より苦に入り、冥より冥に入る。誰か能く知る者あらんや。独り仏の知りたもうのみ。」(『大無量寿経』)

こういう描写は、脱離すべき穢土という場所的な契機として『大経』のなかでも重要なものであり、浄土—時衆系の思想にとって、欠くことのできない環のひとつであった。たとえば、「『地蔵講法則』所載和讃」のなかに、典型的な『大経』の祖述がみられる。

退没五衰の悲しみも　生老病死のくるしみも
皆是火宅の焔ほにて　胸をこかせるけふりなり
妻子珍宝及王位　眷属牛馬多けれと
魂しひ中有に入ぬれは　ひとつも従ふ物そなき
この時誰をか頼むへき　その苦をたれかは助くへき

たゝ願はくは地蔵尊　迷ひを導ひき給ふへし
修羅憍慢の闘諍も　畜生愚癡の残害も
因果の道理定りて　遁るゝ便りなかりけり
哀れ拙なき我等かな　知らすは扨もやみぬへき
すてに此理をわきまへて　後世を恐れぬはかなさよ
飢に望みて子をくろふ　餓鬼のおもひそ哀れなる
脳をくたきて血をすへと　心にあく事更になし
おもひやるへしその時の　苦患の程はいかはかり

（『地蔵講法則』所載和讃）

現世が「三毒」に支配されてうごめく人間の相対的世界であることは、体験的にたれでも知っている。まして戦乱と群盗と、飢饉や貧困にもまれた中世の衆生にとって、見ようとすれば眼の前に見られる光景であった。これが厭離すべき世界ならば、人間は浄土へ死に急がなければならない。それもはやければはやいほどよいことになる。もっと極端におしつめれば、生きながら、覚悟性としては死んでいるのがよい。また生身をそのまま乾涸びさせて即身仏にしてしまうことが、もっと徹底している。この思想的な秩序は、いったん受け入れれば〈死のう〉の群衆を観念のうえでつくりだすことになる。親鸞は、浄土教義のなかにあるこの異様な矛盾を洞察した。もちろん、現在では知られてもいない多数の時衆の徒が、いたるところで、こういう〈死のう〉の観念をわが身に実践してみせたにちがいない。衝迫力ではあるがなんら思想的ではないといった無数の破綻者たちの自己矛盾の死に、親鸞は〈真宗〉の概念を対置させて、日本浄土門の流れをコペルニクス的に転回させたのである。

親鸞にとって、悲惨に充ちた現世像を描くことは、浄土の空想された荘厳美麗な風景とおなじように、あまり細密な関心とならなかった。こういう現世的な悲惨な欲望のつきあわせや、卑小さが、親鸞には、穢悪すべきものではなく、すすんでひき受けるべき契機であり、この契機だけが浄土へ超出する根拠になりうるとみなされていたからである。親鸞は妻帯し、子を産み、痴愚を演じ、「愛欲の広海」にさ迷うことを、なんのはからいもなしに生きた。そこからは、悲惨と疑惑と不善に充ちた現世が、たんに穢土とみなされるという以外の、名づけようもない体得があった。この内的契機こそが、浄土―時衆系にたいして、〈真宗〉を名告りえた根拠であった。

もちろん、親鸞の考え方も、時衆とは逆な方向に極限まで走るべき必然性をもっていた。そのように現世の汚穢を許容するならば、善と悪の二分について確乎とした決定がなければならない。そうでなければ、現世はただより善にみえるものと、より悪にみえるものとがいりまじった相対性だけが支配する無定形な世界になってしまうし、人間はただ思いつきと恣意にしたがって、「三毒」をじぶんに許容するだけだからである。親鸞のかんがえは、二つにわかれて転回される。まず人間の負う善と悪とを時間の彼岸に依託させ、これを往生の契機ときり離した。「宿善厚き人は今生に善をこのみ悪をおそる、宿悪重き者は今生に悪をこのみ善にうとし。たゞ善悪の二つをば過去の因にまかせ、往生の大益をば如来の他力にまかせて、嘗て機の善き悪しきに目をかけて往生の得否を定むべからず」(『口伝鈔』四)というように。いいかえれば、現世でたまたま善であるか悪であるかは、時間のとおい過去からやってきた宿縁によるものだから、本人のせいではない。だからこそ善であるか悪であるかによって、往生できるかできないかを云ってはならないのだ、と。つぎにはこのかんがえは、悪人こそは善人にもまして往生の正機をもつものだ、というように徹底化されていった。行くところまで行けばそうなるほかはない。「その故は自力作善の人はひとへに他力をたのむ心欠けたるあひだ弥陀の本願にあらず」（『歎異鈔』三）というように。この親鸞の思想の過程は、浄土―時衆系の考え方を徹底的につきくずすものであった。〈念仏をとなえても歓ばしい心がわいてこないし、いそいで浄土へゆきたい心にならないのはどうしたことだろうか〉こういう問いは、時衆の思想家たちが、自己の内部に圧し殺して、そしらぬ風をしたものであった。そして自己抹殺の契機へますますのめり込んでいった。しかし親鸞は〈わたしもそうで不審におもってきた。しかしよろこぶべき心を抑えてよろこばせないのは煩悩のせいであろうし、苦悩の旧里はなかなかすてられず、まだ生れない安養の浄土が恋しくないというのも、煩悩がさかんなせいだから、名残り惜しくおもっても娑婆の縁つきて力なく終るとき彼の浄土へゆけばよい〉と応えた。この応えは、浄土―時衆系の思想家たちにはまったく不可能なものだった。『改邪鈔』は、親鸞の言葉を引きあいにだして、一遍や他阿弥陀仏につながる時衆の徒をつぎのように批判している。

ひとつ。遁世の形式にこだわり異形を好み、裳《も》なし衣を着て黒袈裟を使うのは、よからぬことである。そもそも出家の法では五戒といい、在世の法では五常と名づける仁・義・礼・智・信を守って、心のうちでは本願他力の計《はから》いを絶した教えを保つことは、先師たちから承け継いだ法である。それなのに現今うわさに聞いている異形の者たちのしているのは「在世の法を忘れて仏の法の理念ばかりを先とすべきだ」と云われているようだ云々。それだから在世の法を放棄している有様と見られたくて、裳なし衣を着て、黒袈裟をかけた風体をするのだろうか。きわめて不都合なことである。『末法燈明記』には「末法の世では袈裟は変化して白くなるだろう」と記されている。だから末世にふさわしい袈裟の色は白色なのだ。黒袈裟というのは、はなはだこれに背反している。現在都市や田舎で流行している遁世者と名告るものは、たぶん、一遍や他阿弥陀仏の門流をいうのだろうか。あの連中は、ことさらに後世者気取りを第一として、仏法者に視られることで、威儀をひとすがた誇示しようとして振舞うのだろうか。わが大師親鸞聖人のかんがえは、ちょうどそれと裏はらである。いつも守っておられた言葉では「じぶんはあの賀古に住まれた教信沙弥を心の規範にしている」ということだ云々。それだから、ことを専修念仏を停廃すべしとて、法然はじめ浄土宗の門下たちを左遷して、死罪や配流に処した後鳥羽院の勅宣のあったときの事件を契機として、御署名には愚禿の字を表記された。これは即ち、僧にあらず俗にあらずということを表して、教信沙弥のようでありたいということだと云われた云々。このことから、「たとえ牛盗人といわれても、あるいは善人、あるいは後世を願う聖とか、仏法を修行する僧侶とみえるように振舞ってはならない」と云われたことだ。この立言は、かの裳なし衣を着て、黒袈裟をつけた門流たちの意図と雲泥のちがいというべきである。（『改邪鈔』三）〔私訳〕

もちろん、袈裟の色の白黒の問題ではなかった。末世の汚穢をひき受けてそらさないところに親鸞の思想の精髄があるとすれば、ことさら自己を異形の僧体にさらすという時衆の徒は、現世否定、死に急ぎ、欣求浄土の徹底性を誇示してみせるにすぎないとみられた。じじつ、時衆の小思想家たちは「死をいそぐ心ばへ」（『一言芳談』）、「一生はたゞ生をいとへ」（『一言芳談』敬仙房）、「疾く死ばや」（『一言芳談』顕性房）、「往生のさはりの中に、貪愛にすぎたるはなし」（『一言芳談』行仙房）というような、倒錯の極限まで踏みこんでいったのである。この他力絶対化の極限では、自己偽瞞もまた極化される。そしてこの自己偽瞞の拡大を一挙に解決しようとして、自ら生きながら即身仏と化する行為もまたあらわれた。親鸞の思想をこれらとわかつものは、本願他力もまた相対化されねばならないという点にあった。

親鸞にこの思想を身につけさせたのは、越後配流の体験であった。まず、体験に則していえば僧体であることは不許可であった。もちろん還俗しはてればよかったかもしれないが、それによって源信以来の日本浄土教義は絶滅することになる。親鸞としては、浄土教義を存続可能なかたちに組みかえなければならない、という衝迫は必至であった。形式的には「愚禿」を自称し「僧にあらず俗にあらざる儀」をあらわせばよかったが、思想的には、ほとんど一八〇度の転回をやってのけねばならなかった。ごく穏当にかんがえて、法然の教義をつきつめていけば、現世をいとい来世をもとめるという思想を徹底化してゆくよりほかはない。これは、むしろ一遍や時衆の小思想家たちの方にゆきつく。法然の念仏義のもっている美的な側面は、上層貴族の無常観のなかに滲透し、その教学的な側面は、時衆の徒に流れていったとみてよい。しかし配流生活のなかで、親鸞は、京の法然のもとに日参して帰依した時期を回想したとき、それもまた僧侶的な世界での一宗派にすぎなかった、という思いを禁じえなかったであろう。法然は、もちろんすでに、〈知〉の放棄と専修念仏については説くことができていた。しかし、越後での日常生活をともにして接触した具体的な衆生のすがたは、そんなものではない。天台・真言によって衆生を釣り上げるのも、〈知〉の放棄と、ひたすら念仏だけで衆生を釣り上げるのも、〈釣り上げる〉という点では五十歩、百歩にすぎない。衆生は信仰によって〈釣り上げる〉べき存在ではなく、その中核に還相の眼でもって入り込むべき存在である。衆生のしていることはみなしなければ、人間の存在の仕方を根柢からつかまえることはできない。自ら衆生になりきろうとすればするほど〈非俗〉になるという逆説こそが、衆生の実体にほかならない。すべての〈釣り上げる〉者は、〈僧〉であるとともに〈俗〉であるにすぎない。だが、じぶんはちがう。〈非僧〉になることが〈非俗〉であるという存在の仕方しか可能ではないし、そこに浄土教義の〈真〉がなければならない。親鸞はこういう理念をふくらまして、赦免のあとに関東に赴いた。関東（常陸）は、古来からの海人と山人との世界であり、農耕民はこれから転化した新田（新治）開墾者が多かったものと推定される。そのために布教もまた新しく開拓するにふさわしい土地であった。中世の新仏教の始祖たちが、関東や越後、越中、越前に拠ったのは偶然ではない。

とうぜん、親鸞の和讃は二つの方向に特徴をもつことになる。ひとつは現世の憂苦を〈あはれ〉や〈はかなさ〉や〈ほのか〉の感性としては説かず、超越的な語調に充ちていることである。愛恋—生死の哀傷—現世の憂苦の表現に、中世歌謡の一般概念があてはまるとすれば、親鸞の和讃は超越的な信仰概念の簡潔な要約という性格をでなかった。もうひとつの方向は、親鸞の和讃のなかにはじめて、現世の憂苦を『大経』の「三毒」や「五悪」の祖述として表現するのではなく、自己の現世における生きざまの相対性にたいする自己懺悔の表現があらわれたところにもとめられる。

親鸞が和讃をつくるばあいの形式的な範形を、今様の流行歌謡にもとめたとすれば、愛恋の哀傷を、生死の哀傷や無常へとつないでゆく珍しいほど生粋な感性は、「伝伏見院勅筆の写し　今様」などにもとめることができよう。この傾向をたどっていけば、おのずから浄土—時衆系統へ接続してゆく和讃の本流をおもい描くことができる。

竹のは山に霧ふりて　　恋は暗くて道もなし
野山のあかきに出でぬれば　　恋しき人にもあひぬべし

あひ見し事をつく〴〵と　　思へばいとこそ口惜しけれ

他所の人にてありし世は　君もかくやは辛らかりし
思し比《ころ》の夕ぐれ　待たれしものを今は唯
行くらん方をつく〴〵と　眺めやりつゝ過ぐすかな
せめてわりなき恋しさの　うきに紛るゝ物ならば
辛き人には何とてか　又二度は逢ひ見まし
秋風吹きて身に沁めば　手慣れし扇も忘られて
やう〳〵夜寒になる程に　かれにし人こそ恋しけれ
夜昼我待つ人だにも　とはでのみこそ過ぎゆくに
寂しき住家をあはれにも　絶えず音する時雨かな

（「伝伏見院勅筆の写し　今様」）

これが「勅筆」にのぼるほどだったとすれば、親鸞の死没のすぐあとでも、こういう愛恋の〈あはれ〉や〈はかなさ〉を唱った今様は広く流布されていたかもしれない。出来ばえも出色である。

『伏見院御記』の正応五年正月の条をみると、廿日のところに「今暁卯の剋か。夢想の事有り。われ女を犯さんと欲す。其の時我が身を思ふ所是れ法師也。而して之の間に忘却す。日ごろ此の如き女犯の事有り。今日に於ては、此の如き仁浄は之を停むべき由、即ち覚めて了る。是れ開悟すべく本より不生の理瑞也。心中殊に喜ばしく思ふ所也」とあり、廿二日のところには「今宵夢中に、剃髪して僧形と成るの由、之を見る。われ年来の間、穢土を厭離するの思有り。若しくは真実に出離の機縁熟せしめられたるか。悦ぶべし〳〵」とある。これをみれば「伏見院」が、こういう愛恋の哀傷と生死の無常を、自然詠にことよせてつくった優れた今様を筆にのせる心的な根拠はないわけではなかった。ただ親鸞が、晩年の和讃でこの種の哀傷に動かされなかったのは明らかである。配流と地方生活にきたえられたあとの親鸞には「愛欲の広海」に沈没する思いはあっても、それを哀傷にみたてることで自己相対化の具にしようとする思いはなかったろうから。

この今様は、生粋に恋慕の世界を唱いきっているようにみえるが、見方によっては、「愛欲交乱して、坐起安からず。貪意守惜して、ただ唐《いたず》らに（女を）えんことを欲《おも》う。細色を眄睞《めんらい》して、邪態そとに逸《ほしいまま》なり。自妻を厭い憎みて、私《ひそか》に妄《みだ》りに（女の家に）入出す」（『大無量寿経』）という世界を紙一重のところで後背にひかえているといってもよい。

昨日みし人けふはなし
けふみる人もあすはあらじ
あすともしらぬ我なれど
けふはひとこそかなしけれ

（「宝篋印陀羅尼経料紙　今様」）

《昨日》もいたつらに暮き
ふしておほくの夢を見る
こよひむなしくあけなは
おきて何をかいとなま《ん》

（「尊経閣文庫本『方丈記』巻末和讃」）

こういう和讃をとってくると、もう「人」とか「夢」とかいう言葉は、かならずしも愛恋の相手にたいする感性をさしてはいない。もっと包括的に人間の現世における在り方をさしている。しかし詩的な感性としては、すこしも恋慕の世界とかかわりないものであった。「恋は暗くて道もなし」（「伝伏見院勅筆の写し　今様」）の「道もなし」の彼方に想定されている世界は、たぶん〈死〉とか〈無常〉とかの世界であった。その意味では「我らがするゑもかくのみぞ　くらきやまぢにいりはてん」（「宝篋印陀羅尼経料紙　今様」）の「くらきやまぢ」の彼方に想定されているものと同じであった。

『大経』が、いわゆる「五悪」として記しているところは、帰するところ現世における愛憐、貪欲、利害に発する争いの見苦しさ、はかなさに要約される。そしてどんなにその世界でもがき争っても、ついに生死を超えることはできないとされている。この現実の相対的な世界にあるかぎり、愛憐のはかなさ見苦しさは、生死のはかなさ孤独さとおなじ世界に属するものであった。時衆系統の思想は、ここに最大のモチーフをみつけていったのである。いいかえれば、生きながら死に徹すれば、これらの「五悪」の世界を離脱することができるはずだとかんがえた。このかんがえは、異形の風体に徹して、現世的な利害や愛憐や闘諍の世界の外にたつほかはないとかんがえるにいたったのは、当然のことである。

ただ、日本の浄土門に共通したことだが、「五悪」の世界を超えるために、「人、よく（五濁の世間の）中において、一心に意を制し、身を端《ただ》し、行ないを正しくして、独りもろもろの善をなして、衆悪をなさざれば」（『大無量寿経』）という倫理的な超克について、不思議に関心をはらっていない。いかにも一足とびに現世を厭離する感性に滲透されている。親鸞の和讃も、感性的にいえば、けっして倫理的な関心を『大経』からうけとってはいない。しかしもっと徹底して、罪障の意識と懺悔の自己付託としては、『大経』の倫理感を逆転するところへ超出しているといってよい。

身を観ずればみづのあわ
きえぬるのちはひともなし
いのちをおもへばつきのかげ
いでいるいきにぞとゞまらぬ　（一遍「別願讃」）

吾等がこのみのはかなさを
おもひとくこそうかりけれ
かれゆくくさにをくつゆの
あだなるよりもたのみなし
（他阿の「往生讃」）

としさりとしはかへれども
をしむにとまるはるはなし
ひゆきつきゆきうつれども
したふにのこるあきはなし

芭蕉のきのあきかぜに
やぶれてもろきつゆのみの
いのちおもへばあだしよは
いつのいつともたのまれず
（七祖の「光陰讃」）

これら時衆系統の和讃は、感性的にいっても手法的にいっても、今様の世界にきわめて近似している。いずれのばあいも、現世における人間の生死のわりなさと無常とを伝えようとしている。踊りや打器をともなって唱われるばあいも、あったかもしれない。まったくおなじ根拠から、こういう和讃によって人々が現世の無常と生の迅速さを覚えて、来世を願う時衆の徒に帰依したともおもわれない。そういう意味では流行の今様の意匠と感性にのせて、異形の聖たちの流行を伝えただけだといってよいかもしれない。

親鸞の和讃には、人間の生死の無常を詩的に色揚げするというモチーフはまったくといっていいほどあらわれなかった。その根柢にあるのは、現世の憂苦も愛憐も諍闘も、すすんで俗にしたがって受け入れ、そこに身をおくことが浄土への超出の契機だというかんがえであった。現世的な生のはかなさを受け入れ、苦を受け入れて執着しつつ、自然に死がやってきたらこの煩悩の故里にもにた現世にわかれるべきであるという思想が、親鸞にはあった。もっとすすんでいえば「悪心、外に在りて（他人の財をねらい）、みずから（正）業を修めず。盗竊して、趣《わず》かにうれば、欲繫《よくけ》（つのりて）、事を成す。恐熱迫脅して（他人の財物をとり）、妻子に帰給す」（『大無量寿経』）というような悪人に、かえって浄土へ超出する正機が存在するといった逆説的な地歩にいたるまで、親鸞の思想は参入していた。こういう親鸞にとって、現世の相対性、はかなさ、憂苦を唱うことがそれほど意味をもちうるはずがなかった。しかし親鸞の和讃にはまったくべつな特質があらわれざるをえなかった。それは現世の悪機を、じぶんが一身に自己のものとしてひき受けるという思想である。これは、現世の憂苦の世界と、浄土が壮麗な楽土だということを、世俗の流行として唱い伝えるということとはまったくちがう。この意味では、親鸞の思想は『大経』の思想を、遥かに遠くまでひっぱってしまっていた。なぜならば、さきにものべたとおり、『大経』は現世の「五悪」にたいして「人、よく（五濁の世間の）中において、一心に意を制し、身を端《ただ》し、行ないを正しくして、独りもろもろの善をなして、衆悪をなさざれば、身、独り度脱して、その福徳・度世・上天・泥洹《ないおん》の道を獲ん」（『大無量寿経』）ということをとなえているからである。

もうひとつ、親鸞には体験上も理念のうえでも強烈な末法観があった。かれは現世で、倫理的に僧として身を持し修練することに耐えられず、またそこにまやかしを感じてしまう自身を、いずれの修行も及び難き身というように自己倫理化したが、同時に時代そのもののなかに、倫理的にこの現世を救済することの不可能な由縁をも看てとっていた。これは、なんら詩的な感性の問題ではない。はっきりした信仰と理念の問題である。

釈迦如来かくれましくて
二千余年になりたまふ
正像の二時はをはりにき
如来の遺弟悲泣せよ　（「正像末和讃」）

往相・還相の廻向に
まうあはぬ身となりにせば
流転輪廻もきはもなし
苦海の沈淪いかゞせん　（「正像末和讃」）

弥陀大悲の誓願を

ふかく信ぜんひとはみな
ねてもさめてもへだてなく
南無阿弥陀仏をとなふべし
（「正像末和讃」）

浄土真宗に帰すれども
真実の心はありがたし
虚仮不実のわが身にて
清浄の心もさらになし
（「愚禿悲歎述懐」）

外儀のすがたはひとごとに
賢善精進現ぜしむ
貪瞋邪偽おほきゆゑ
奸詐もゝはし身にみてり
（「愚禿悲歎述懐」）

小慈小悲もなき身にて

有情利益はおもふまじ
如来の願船いまさずば
苦海をいかでかわたるべき
（「愚禿悲歎述懐」）

末法悪世のかなしみは
南都・北嶺の仏法者の
輿かく僧達・力者法師
高位をもてなす名としたり
（「愚禿悲歎述懐」）

仏法あなづるしるしには
比丘・比丘尼を奴婢として
法師・僧徒のたふとさも
僕従ものゝ名としたり
（「愚禿悲歎述懐」）

是非しらず邪正もわかぬこの身なり

小慈小悲もなけれども
名利に人師をこのむなり　（「自然法爾章」）

賢者の信は　内に賢にして外は愚也
愚禿が心は　内は愚にして外は賢也　（『愚禿鈔』）

これらは、いったい誰のためにかかれているのか。どうかんがえても、唱い伝えて他者を誘うのに必要な甘美さが欠けている。また、「弥陀大悲の誓願を　ふかく信ぜんひとはみな　ねてもさめてもへだてなく　南無阿弥陀仏をとなふべし」ととなえられても、触発されて信心を習慣化することもできない。親鸞の和讃の全体にいえることだが、あまりに垂直になりすぎて、過程の描写が欠けている。ということは啓蒙の詩としても、「六時礼讃偈」のような儀式用の詩としても、はじめから失格している。ただ、今様から浄土―時衆系に流れてゆく和讃にくらべて、語格のなかに圧倒的に巨きな親鸞の個我のエネルギーがこめられていることは、おおよそ他者を寄せつけないような簡潔できびしい格調からうかがうことができる。

親鸞の和讃は、独り言のようにかかれている。そして「弥陀の五劫思惟の願をよくよく案ずればひとへに親鸞一人が為なりけり」(『歎異鈔』後序)と照応するように、個人救済という意味で、和讃の格調はつかわれている。啓蒙や儀式用より「一人」へという方向に和讃をひき込んでいったところに、親鸞の独特な和讃のしらべが位置していた。そこに当然、人間存在一般に施さるべき『大経』の「五悪」の意識を、自己懺悔に変容させた浄土真宗の精髄があった。たれも「小慈小悲もなけれども　名利に人師をこのむなり」というように、この世界の相対性を、自己の相対性におきかえて唱ったものはなかった。いいかえれば『大経』における現世の重さを、おなじ重さで個人のうえにのしかかる重荷だとする認識に到達したものはなかったのである。こういう懺悔は、「妄語をもて一切の三宝、師僧父母、六親眷族、善知識、法界の衆生を欺誑せること数を知るべからず」というような『往生礼讃偈』の広懺悔文から着想されたかもしれないが、その意味はまるでちがっている。親鸞は、懺悔を「親鸞一人が為」に帰したので、人間存在の罪障一般にたいする懺悔ではなかった。空也の和讃にも、一遍の和讃にも、かれら自身の自己懺悔と罪責感はない。親鸞の和讃にだけそれがある。空也も一遍も宗教的なイデオロギーを宣布したかもしれないが、ほんとうは思想家としての与件に欠けている。親鸞は、浄土教義を全部うしなっても思想家でありうる、というように存在した。このことは、親鸞の和讃を〈非詩〉的にしたが、同時に、詩を書くがゆえにわずかにポエトたるのたぐいとちがうところで、かれの和讃だけがここに詩人があり、そしてじぶんの詩を書いたといえる与件を具えていたというべきである。

ある親鸞

「我は是れ賀古の教信沙弥の定なり」(『改邪鈔』より)

親鸞にはいくつかの貌がある。ある人々は、晩年に京洛の地に帰って、舎弟の寺などにかくれるように寄宿しながらあらわした著書から、親鸞に近づこうとしてきた。べつの人々は、親鸞の門流が、かれの語録としてのこしている文章から、親鸞のほんとうの声を聴きわけようと試みてきた。親鸞とじかに接したとおもわれる念仏者は、越後、常陸、上野、下野、武蔵、安房、近い奥州などに散在していた。かれらのうち一、二の念仏者は、親鸞の口伝を後世に伝えている。これらのどの貌をたどっても、結局は、親鸞という一人の思想者に出遇うことになる。だが、わたしはこの頃、越後配流のあと、関東に赴こうと決意した親鸞の思想と行動が、とても気にかかるようになった。この時期の親鸞の貌だけが、際立った異貌をもっているようにおもわれる。

著述から、この時期の親鸞の姿を再現するのは、ほとんど諦めなければならない。そこで唯一の可能性は、門流たちの口伝に映った親鸞をみつけだすことである。また、門流たちは、ささいな雑事や、理念的な対立や、領家や名主からの迫害におもいあまったりすると、京の親鸞に質問状を呈した。応えた親鸞の消息文には、親鸞の本音がうかがえる。すぐに気がつくが、『教行信証』をはじめ晩年に書かれた著述のなかの親鸞と、『歎異鈔』や『執持鈔』や『口伝鈔』や『改邪鈔』など、門流の口伝えにあらわれた親鸞の思想のあいだには、それぞれの編著者の主観を超えたところで、微妙に喰いちがうものがある。この喰いちがいは、浄土教義の伝統のうえに居ずまいをただしたときの親鸞と、越後配流から赦免されたのち、なぜか京の法然のもとへ帰らず、そのまま関東へ伝道に赴いて、実生涯的には消息を断った時期の親鸞の姿とのちがいである。晩年、法然の専修念仏義を展開させるため著述にうちこんでいる親鸞の姿と、越後配流以後、はじめてじかに接触した無学文盲の野人たちに、むきになってラジカルな見解を説き歩いている親鸞の姿のあいだには、深淵が横たわっている。たれもそれを確かめえたものはいない。わたしには、当代無二の思想家として、浄土教義の流れに身をただし思想を述べている晩年の親鸞と、越後や関東の野人たちに、偶像や派閥の破壊を生々しい言葉で説いている親鸞とは、異質のようにおもえてくる。

越後配流の体験は親鸞にある感性的な転回を強いた。かれはこの地で、草深い田夫、漁夫たちに接しているあいだに、法然のもとに日参していた頃のじぶんの姿を客観的にながめる眼を獲得した。たしかに法然は、専修念仏と、〈知〉の放棄を説いて、親鸞が「建仁辛《かのと》の酉《とり》の暦、雑行を棄てゝ兮、本願に帰す」（『教行信証』化身土巻一三五）ことをたすけてくれた。しかし法然のもとで、自力の計《はから》いからもっとも遠い存在だとおもっていた〈衆生〉は、越後国府在で接触した衆生にくらべたら、まだ空想の〈衆生〉にすぎないことを知った。〈衆生〉とは、たんに〈僧〉たるものが〈知〉の放棄によって近づくていの生やさしい存在ではなかった。また〈僧〉たるものが、安直に専修念仏をすすめれば帰依させうる存在でもなかった。「興福寺の学徒」は、後鳥羽院に浄土教徒をざん訴し、後鳥羽院やその臣下は、「法に背き義に違し」て、みだりに「忿《いかり》を成し、怨《うらみ》を結」び、「源空法師并《ならび》に門徒数輩」にたいして「罪科を考へず猥《みだりがは》しく死罪に坐《つみ》」した。親鸞たちを「或は僧の儀を改め、姓名を賜うて遠流に処」した。そのために親鸞は、じぶんをすでに「僧に非ず俗に非《あら》ず」とかんがえ、「禿」

の字を姓とするようになった。ここではまだ〈非僧非俗〉は、後鳥羽院らにおしつけられた境涯の命名にすぎず、なんら思想的な自覚ではなかった。しかし越後配流の生活は、この〈非僧非俗〉に思想的な意味をあたえることを、親鸞に強いたのである。源空（法然）は「建暦辛未《かのとのひつじ》の歳、子月《しぐわつ》中旬第七日、勅免を蒙りて入洛して已後《いご》」、「洛陽東山の西の麓、鳥部野の北の辺、大谷」にこもり、翌二年に死んだ。親鸞は、ついに京洛の法然のもとにかえらず、赦免のあとその足で常陸へと赴いた。このことは親鸞が〈非僧非俗〉の境涯からけっして〈僧〉の世界へもどろうとしなかったことを意味している。親鸞は、越後配流中〈衆生〉と接触し周辺を布教するあいだに、〈非僧非俗〉の境涯にある思想的な内容を与えたと推測できる。越後配流中に親鸞は、のちの恵信尼と同棲したとおもわれる。そして息子信蓮を生んだことは、恵信尼の消息から逆にたどることができよう。名主や村落民たちに、念仏を説きまわりながら、かれらの経済的な援助で妻子と生活を営んだ。妻帯して子をまじえて営んだ生活は、形から〈非僧〉だったばかりではない。このあたりで親鸞は易行道によって〈衆生〉を教化するという理念を放棄したとおもえる。かれ自身が〈衆生〉そのものになりきれないことは自明だったが、また〈衆生〉は、専修念仏によって釣り上げるべき与しやすい存在でもなかった。親鸞にできたのは、ただ還相に下降する眼をもって〈衆生〉のあいだに入りこんでゆくことであった。〈衆生〉は、法然のように制誡をほどこすべき無智文盲の門弟ではなく、じぶんとは異質の〈同朋〉である。法然にとって〈衆生〉は、なまじの自尊心や知識に装われていないために、かえって他力の信に入りやすい存在であったし、また、信に凝るあまり無智文盲の身でもって、えてして他宗の有識の徒を誹りなどして、逸脱しやすい存在とも解された。つまり法然には、まだいい気なところがあったのである。だが親鸞がこの時期に体得したところでは、〈衆生〉はことのほか重い強固な存在で、なまじの〈知〉や〈信〉によってどうかなるようなちゃちなものではなかったのである。教化、啓蒙のおこがましさを、親鸞は骨身に徹して思想化するほかなかったとおもわれる。こういった〈衆生〉への位置のとりかたは、法然のもとに出入していた頃の若い親鸞には、思いも及ばなかったろう。〈非俗〉とは親鸞にとって、〈僧〉を意味するものではなく、かえって〈非僧〉を意味するものに変った。法然のもとにあったときは、〈僧〉はそのまま〈非俗〉のことであり、専修念仏によって〈俗〉を同化すべき存在のはずであった。

たしかに、法然は、念仏者は一代の仏法の学匠であっても、文盲の愚かな身になって、尼入道などの人々とおなじようにして、智者のような振舞いをせずただ一向に念仏すべきだ（「一枚起請文」）と説いた。けれど、これは〈知〉を捨てて無智文盲の輩に身をやつせといっているのとおなじである。それが証拠に、経文の一句ものぞいたことのない身で、真言・止観を破り、余の仏・菩薩を誹謗してはならない（「七箇条制誡」）とも制誡している。一方で〈僧〉に〈知〉の放棄をもとめ、一方で念仏帰依者である〈俗〉に仏法理念を破るなというのが、法然のいつもとっている論理の場所である。すくなくとも越後配流以後の親鸞は、もっと徹底した位相に身を移している。

越後の在俗生活は、親鸞に〈僧〉であるという思い上りが、じつは〈俗〉と通底している所以を識らせた。そうだとすれば〈僧〉として〈俗〉を易行道によって救い上げようとするのは、自己矛盾であるにすぎない。〈衆生〉にたいする〈教化〉、〈救済〉、〈同化〉といったやくざな概念は徹底的に放棄しなければならない。なぜならばこういう概念は、じぶんの観念の上昇過程からしか生れてこないからだ。観念の上昇過程は、それ自体なんら知的でも思想的でもない。ただ知識が欲望する〈自然〉過程にしかすぎないから、ほんとうは〈他者〉の根源にかかわることができない。往相、方便の世界である。〈他者〉とのかかわりで〈教化〉、〈救済〉、〈同化〉のような概念を放棄して、なお且つ〈他者〉そのものではありえない存在の仕方を根拠づけるものは、ただ〈非僧〉がそのまま〈俗〉ではなく〈非俗〉そのものであるという道以外にはありえない。ここではじめて親鸞は、法然の思想から離脱したのである。もはや、異貌の〈衆生〉のひとりとして、親鸞は京洛へではなく新開の辺地である関東の〈衆生〉のところへ潜り込むほか、ゆくところはなかった。関東では人々がかれを、京から布教にきたありきたりの「人師」として遇するかもしれぬ。だが親鸞の思想は、外貌は法然の徒であっても支える内的根拠はすでに変貌していた。かれが、京洛の法然の死に背中を向けて、常陸への路をさしていったとき、心のなかは孤独だったろう。かれの外貌は遁世の僧体とはならず、独自な思想を秘めた在家の念仏者のものであった。

このとき親鸞の胸中に、幾度も去来したのは法然の姿ではなく、賀古の教信沙弥の姿であったろうことは疑われない。親鸞が「我は是れ賀古の教信沙弥の定なり」といつも云いつづけていたとは、『改邪鈔』だけが記している。

ひとつ。遁世の形式にこだわり異形を好み、裳《も》なし衣を着て黒袈裟を使うのは、よからぬことである。そもそも出家の法では五戒といい、在世の法では五常と名づける仁・義・礼・智・信を守って、心のうちでは本願他力の計《はから》いを絶した教えを保つことは、先師たちから承け継いだ法である。それなのに現今うわさに聞いている異形の者たちのしているのは「在世の法を忘れて仏の法の理念ばかりを先とすべきだ」と云われているようだ云々。それだから在世の法を放棄している有様と見られたくて、裳なし衣を着て、黒袈裟をかけた風体をするのだろうか。きわめて不都合なことである。『末法燈明記』には「末法の世では袈裟は変化して白くなるだろう」と記されている。だから末世にふさわしい袈裟の色は白色なのだ。黒袈裟というのは、はなはだこれに背反している。現在都市や田舎で流行している遁世者と名告るものは、たぶん、一遍や他阿弥陀仏の門流をいうのだろうか。あの連中は、ことさらに後世者気取りを第一として、仏法者に視られることで、威儀をひとすがた誇示しようとして振舞うのだろうか。わが大師親鸞聖人のかんがえは、ちょうどそれと裏はらである。いつも守っておられた言葉では「じぶんはあの賀古に住まれた教信沙弥を心の規範にしている」ということだ云々。それだから、ことを専修念仏を停廃すべしとて、法然はじめ浄土宗の門下たちを左遷して、死罪や配流に処した後鳥羽院の勅宣のあったときの事件を契機として、御署名には愚禿の字を表記された。これは即ち、僧にあらず俗にあらずということを表して、教信沙弥のようでありたいということだと云われた云々。このことから、「たとえ牛盗人といわれても、あるいは善人、あるいは後世を願う聖とか、仏法を修行する僧侶とみえるように振舞ってはならない」と云われたことだ。この立言は、かの裳なし衣を着て、黒袈裟をつけた門流たちの意図と雲泥のちがいというべきである。(『改邪鈔』三)〔私訳〕

賀古の教信が規範として蘇ったときの親鸞の姿は、きわめてラジカルであった。かれは僧体を拒否し、出家遁世者とみられることを拒否し、善人づらをして勧進して歩く「人師」の姿をも拒否する。だれでも、ここで〈断食するとき悲しい面持ちをしてはならない〉という新約書の主人公をおもい浮べることができよう。牛盗人とよばれてもかまわないが、異形の風体や思想をもつ者のように振舞うなというとき、〈同化〉や〈教化〉や〈布教〉の概念は、まったく否定されている。ただ還相の眼をもった一介の念仏者が、そのままの姿で〈衆生〉のなかに潜り込んで、かれらの内心に火をつけて歩く像だけがみえてくる。こういう親鸞は、現在のこされているどんな〈御影〉（肖像画）とも似ていない。また、徹底的に僧形を拒否している親鸞をたれも描いてはいない。

親鸞は、賀古の教信のことを、『往生十因』などの口伝えや、すくない記録によって知っていたとおもえる。当時の口伝えの生々しさは現在では再現できないが、できるかぎり教信の像を組立ててみれば、つぎのようになる。ここでは『峰相記』の記事と『今昔物語』（巻第十五）の説話を組合わせることにするが、出拠はなにをもってきても同じで、これ以上のことはできそうもない。

教信は、はじめは興福寺の碩学で、法相宗のすぐれた学匠であった。ある時期から回心するところがあり、西方浄土を願うようになり、興福寺を捨てて西海を志し、播州賀古郡西の野口に草庵をつくって住んだ。この地は西方が遠く晴れて、極楽浄土を願うものにふさわしい土地であった。教信は妻帯し子供が一人あった。髪も剃らず爪も切らず、衣も着ず、袈裟もかけなかった。昼夜に称名念仏をおこたらず、夢中でも名号をとなえた。村人たちは阿弥陀丸《まろ》と呼んだ。

教信は勧進もせず、喜捨も乞わなかった。農家に雇われて田を植え畠を耕して工銭をもらい、また、旅人の荷を担ぐ手伝いをしては食糧をわけてもらって、生活の資に供していた。けれども念仏のほか全てのことは忘れはてているようであった。このようにつづれを身にまとい「金ヲ懐ヒテ」一生涯をおくった。

教信の臨終には挿話がある。

摂津の国、島の下郡の勝尾寺に、勝如上人という僧がいた。道心がふかく、べつに草庵をつくってその中にこもり、十余年のあいだ衆生のために無言の行を勤め、弟子たちと会うことも稀であり、まして他の人とは会わなかった。あるとき、夜半に庵の柴戸をたたくものがある。そして「じぶんは播磨の国賀古郡の賀古駅の北辺に住む沙弥教信というもの。年来弥陀の念仏をとなえて極楽に往生しようと念願してきたが、今日、すでに極楽往生をとげた。あなたもまた、某年某月某日に極楽のお迎えがくるはずだ。そのことを告げるために来た」といって去った。勝如はこれをきいて、驚き怪しんで翌朝すぐに無言の行をやめて、弟子の勝鑒を呼んで、昨夜こういうことがあったから、賀古の駅のあたりに行って教信という僧がいるか尋ねてこいと命じた。勝鑒が行くと賀古駅の北に小さな庵があり、その前に一人の死人が横たわっていた。狗や鳥があつまって、その屍体をあらそってついばみ、喰べている。庵の内には一人の老女と童子とがいて、一緒にはげしく泣き悲しんでいる。勝鑒はこれをみて、庵の入口にたたずんで、「これはどういう人で、どういうことがあって、泣くのか」と問うと、老女が答えていうには「あの老人はわたしの年来の夫です。名を沙弥教信といいます。一生のあいだ弥陀の念仏をとなえて、昼夜夢のなかでも怠りませんでした。それで隣り里の人たちは皆、教信を阿弥陀丸と呼びました。ところが昨夜死にました。老人のわたしは、老いて年来の夫に死別して泣き悲しんでいるのです。ここにいるこの子は教信の子供です。」勝鑒の報告をうけて、勝如上人も行って、念仏をとなえて庵に帰ってきた。そのあと勝如は、ひたすらに日夜念仏をとなえるようになり、教信がさきに告げたとおりの日に、往生を遂げた。

『一言芳談』によれば、教信は、庵の西には垣もせず、西方極楽浄土と素通しに向きあうようにし、本尊などは安置せず経文なども読まず、「僧にもあらず、俗にもあらぬ形」で、つねに西方にむかって念仏していた。

教信の所業について親鸞がもっていた口伝えは、もっと肉づけが豊富だったかもしれないが、骨格は、これとあまり変らなかったと推定してよい。この教信像には、当時の遁世者流にくらべていくつかの特徴が認められる。教信は、当時の典型的な捨て聖といえるが、髪を剃った僧体をとらず、妻子と同居していた。かれは経文を勧進して喜捨を乞う流行をふまず、田畠を耕す手伝いや、旅人の荷物を運ぶ手伝いをして生計をたてていた。また、本尊の仏像・仏画のたぐいを飾るとか、経典を執持することをしなかった。そして死後は、じぶんの屍体を鳥獣に喰わせた。

当時の捨て聖の一般的な像からいえば、これらは、驚くべき特徴であったといえる。教信が、興福寺の碩学だったという伝がただしいとして、〈知〉と名跡を放棄し一介の念仏者となって草庵にこもったというところまでは、流行とかわっていないといえる。〈妻帯〉とか〈子〉をもうけるとかは、当時の僧侶のたれもが、蔭ではこそこそやっていたことかもしれない。また、無数の無名の聖たちも公然あるいは非公然にやっていた、とみてよい。

春の焼野に菜を摘めば
岩屋に聖こそおはすなれ
唯一人野辺にてたび〲逢ふよりは
な、いざたまへ聖こそ

あやしの様なりとも
わらはらが柴の庵へ　（『梁塵秘抄』巻第二）

こういうことは、別所に庵をかまえた遁世の聖たちと、俗世の子女たちのあいだの風俗だったかもしれない。教信は、聖たちの集落に居を構えることはしなかった。単独の遁世者としてひとり賀古川に流れていった。そして、公然と妻子と同居して〈僧〉とみられることを拒否している。教信の〈非僧〉の思想は、経文を勧進して生活の糧をえようとしなかったところにも、よくあらわれている。当時の一般的な捨て聖たちは、別所に集落をかまえ、ときどき街巷へやってきて人々に経文をすすめ、工銭や食糧の喜捨をうけるのが生活様式であった。教信は、農家の日雇い下人として田畠を耕したり、旅人の荷物運びを手伝ったりして、報酬をえては妻子との生活の資とした。このことは教信の思想に〈衆生〉への〈教化〉という概念がなく、また〈僧〉という意識を放棄していたことを意味している。また教信が、本尊を飾らず経文も読まなかったのは、宗教を否定した宗教者という境地にあったともいえよう。

こういった概念は、初期の念仏聖には、かなり流布されていたものとかんがえられる。『一言芳談』をみると、解脱上人が「出離に三障あり。一には所持の愛物、本尊持経等まで。二には身命を惜しむ。三には善知識の教にしたがはざる」と云ったことが記されている。初期の聖は、強いて最高の水準をとれば、念仏をとなえながらひたすら〈死〉へ突込んでゆく者をさしていた。かれらにとって、寺院を建て、本尊をまつり、経文を復習することは、枝葉のことにすぎなかった。〈死〉いがいには思想を形成したとはいい難いが、実践的に〈死〉へ突込んでゆく迫力では類を絶している。教信が本尊をもたず、経文も読まなかったことも、この類型にくわえてもよいし、じぶんの屍は、路傍にさらして狗や鳥に喰わせたという説話も、聖の一般的な概念に入れてよいのかもしれない。

『往生十因』をみると、教信の臨終には、さらに尾ひれがついている。教信の屍体は「容顔損セズ、眼トロトハ咲《ゑ》マフニ似テ香気馥薫タリ」という有様であった。そして村人たちがあつまってきて「彼ノ髑髏ヲ回リテ歌ヲ唄ツテ讃嘆」したとなっている。しかし、これらの挿話をへて組みたてられる教信の所業は、独自の〈非僧非俗〉の思想からでていて、変り種の後世者の域を超えている。変った捨て聖の一般像からでも、教信の挿話のうち一つ二つは得られるかもしれないが、教信の所業のすべてをつくりあげることはできまい。ことに妻子同居と、農家の手伝いや荷物運びで生活の資をうるという生きざまは、当時の僧侶概念からかんがえて思想的な根拠なしには不可能である。

越後国府在に腰をおとして、恵信尼と息子信蓮との生活をはじめたとき、親鸞は教信の生きざまを規範にしたにちがいなかった。土佐に配流された法然と遠くなったのは、たんに空間的な距離だけではなかった。〈非僧非俗〉の生きざまを思想化したとき、すでに法然の姿は小さく遠ざかったといえる。法然の姿は、源信の流れをくむ日本浄土教の僧知識にほかならないが、親鸞の姿は教信のように、髪を剃らず、爪も切らず、僧体を拒否して妻子とくらす、一介の後世者に似ていた。

あたかも、この頃法然は「一念義停止起請文」をかいて、「北陸道」の「一の誑法の者」を論難した。法然の「一念義停止起請文」が、承元三年に書かれたという伝えを信ずるならば、法然は土佐配流中にあった。おなじく親鸞は越後周辺の北陸道にあった。土佐の法然のもとに、近頃北陸道に異端邪説をなすものがいると伝えるものがあったにちがいない。その「一の誑法の者」は「弥陀の本願をたのむものは五逆を捨てることはなく、心に任せて自然に振舞えばよい。袈裟を着るべきではなく、直垂をつけていればよい。肉食を断つこともない。自由に鹿や鳥を喰えばよい」と人々に説いていた。かれは「懈怠無慚の業をひとに勧めて、五戒を捨てた還俗のあるべきようを示している」。また、べつの誹謗も情報不足の法然のもとに届いていた。かれは「念仏要文集」という謀書をつくり、この書のなかに「念仏秘密経」という偽経をこしらえて「諸善を行ってはならない、ただ専修一念仏を勤めよ」と説いていた。この書は、いま都市や地方に流布されていると法然は聞かされた。すこしニュアンスをかえれば、法然が、じぶんに告げ口された情報をもとに、「天魔の構え」だと否定している「北陸道」の「一の誑法の者」の姿は、越後配流中の親鸞に似ていないことはない。ことに袈裟をまとうな、じぶんは〈非僧非俗〉のしがない破戒者だという親鸞の自覚の姿は、「五戒を捨てた還俗」の姿ととられても、すこしもおかしくはなかった。のちに親鸞もまた、称名念仏によって浄土へ参れるならば、かくべつの善をなすことはいらないのではないか、という坂東の念仏者たちの疑問に悩まされた。そのために、わが子善鸞を義絶したほどである。ただ親鸞は、法然とちがって、こういう疑義を「天魔の構え」とかんがえなかった。『歎異鈔』によれば、強いて悪行をするのは〈自力〉の計《はから》いが入りこむことだから、否定さるべきだ、と説いただけであった。また逆に、善悪の二つとも、じぶんは存知していないとも応えている。そのわけは如来の心ほど透徹して善と悪とを知っているならば、善悪を知るともいえるだろうが、この現世できめられた善悪など、相対的なものでしかないというのが、親鸞の根拠であった。

親鸞は『念仏要文集』という著作をもっていない。また『念仏秘密経』という偽経をつくってもいない。法然の「一念義停止起請文」は親鸞の所業にあてられたものとはいい難い。けれど、土佐配流中に、法然にとどいた誹謗が故意に歪められていたとすれば、この「北陸道」の「一の誑法の者」は、ほとんど越後周辺の親鸞の姿に擬してよいほどである。親鸞が教信の生きざまを「定」として、〈非僧非俗〉の思想を北陸道に流布していたとすれば、赦免後、京洛の法然のもとに帰るはずがなかった。法然がいつも気にして口にしたのは、無学文盲の念仏帰依者が信仰に凝りかたまって、他宗の有識僧侶たちを誹謗し、排斥してはならないという制誡である。これは〈知〉の放棄こそが専修念仏への近道だとする法然の教義と、最後には矛盾している。親鸞はそんな云い方をしなかった。おなじことを云っても、ほかのどの道も下根のためには択べないからただ念仏をとなえるより仕方がないのだ、という云い方をとっている。人為的な救済を放棄し、地獄は一定住家《すみか》だという決断に立って、はじめて親鸞は他宗への誹謗をいましめている。

法然は「北陸道」の「一の誑法の者」が、心に弥陀の本願を知っていれば身はかならず極楽に往生するという「無念の新義を立て」たと論難している。晩年の親鸞の著作からうかがえば、親鸞が「北陸道」で「無念の新義を立て」た可能性はすくないけれど、念仏はほんとに浄土へ生れるための種子なのか、地獄に堕ちるための業なのか、「総じてもて存知せざるなり」(『歎異鈔』二)と門流に説いた親鸞が、ときに応じ〈無念でも心に本願が択ばれていれば往生はかなう〉くらいのことは云ったような気がする。そうとまで云えなくても「かたましく一念の偽法を弘め」(「一念義停止起請文」)たという点では、親鸞の像とさしてちがってはいない。親鸞は法然のように、一念義を否定しなかった。というよりも一念義を浄土真宗の根源においている。その意味では法然よりも「北陸道」の「一の誑法の者」に近いところに立っていた。すくなくとも越後配流以後は、すでに理念的には法然を決定的に離れたとみてよい。親鸞はたぶん越後配流中に、法然の非難する「一念の偽法を弘め」ていたにちがいなかったのである。

ひとつ。一念で足りぬと知って多念を励むべしという事に関して。このことについていえば、多念も一念も、ともに本願の文《もん》のうちにあり、いわゆる「上に一形を尽して下に一念に至る」と註釈されるものが、その文である。けれども「下に一念に至る」とは、本願をたもつ往生が決定する時刻のことであり、「上に一形を尽し」とは、往生を即得するうえでの仏恩報謝の勤行をさしている。この主意は、経釈に顕然としているのに、一念も多念も、ともに往生の為の正因たるように心得て混乱することは、すこぶる経釈に違反しているというべきか。だから、幾度も先達からきき伝えてきたように、他力の信心は一念のうちに即得往生することと思い定めて、それで命が終らないときは、命があるかぎり念仏すべきである、というのが「上に一形を尽し」の解釈にかなっている。それなのに世の人は、常におもうのに「上に一形を尽すところの多念も宗の本意」とかんがえて、それができないときの仕方なしに捨てながらの一念だとおもっているのだろうか。これは、すでに弥陀の本願に違反し、釈尊の言説にそむいている。その理由は、如来の大悲は、人間の短命の根機を本にしている。もし多念を本願とするとすれば、命が一刹那につづまる無常迅速のときにどうして本願にあやかることができよう

か。だから真宗の肝要の点は、一念往生をもって淵源とすることである。(『口伝鈔』二一)〔私訳〕

『口伝鈔』が、どんなに如信の筆録者の主観をまじえていたとしても、一念義と無常迅速の命とを結びつける発想は、親鸞にふさわしくないとは云えない。奥州大網在の如信にこう親鸞が語ったとすれば、越後周辺在のころ親鸞がすでに、一念義を説きまわっていたと想定してもけっして不都合ではない。春秋の筆法をもってすれば「北陸道」の「一の誑法の者」の言説や要文のたぐいが、歪んだ形で土佐配流中の法然にとどいているとして、法然の「一念義停止起請文」もまた越後在の親鸞の耳にとどいていたはずである。「懈怠無慚の業を勧めて、捨戒還俗の儀を示す」という法然の非難は、公家浄土門の流れのなかで云われていると親鸞はおもわなかったろうか。法然が赦免のあとに、京洛東山の大谷にもどっていることも、翌年死んだことも、たぶん親鸞は聞いていた。だがもう、法然のもとに帰るべき必然性はなかった。強いられた配流の生活は、親鸞にいやおうなしに、一介の〈非僧非俗〉の念仏者の境涯を与えた。この境涯をつらぬくために坂東の辺境へ行くのがよかった。親鸞は、僧侶の形で活動することを停止されたため、〈非僧〉の境涯を思想化するほかなかった。一念義は内在化すれば、無念義にまで走る必然性をもっている。無念義とは、浄土宗派の解体にほかならない。この意味では、親鸞もまた「北陸道」の「一の誑法の者」になる可能性をもっていたというべきである。親鸞のなかで法然の姿は次第に遠のき、かわりに教信の〈非僧非俗〉の姿がおおきな場所を占めたと想定してもよい。教信は昼夜をわかたず、夢のなかでも念仏三昧に徹して生涯を閉じた。この不断念仏と無念義とは、渋滞する形骸を忌むという点で根柢から疎通するのではなかったか。親鸞が越後在の時点で、どうかんがえたかはわからない。晩年になって、坂東の念仏者たちのあいだにおこった一念、多念の混乱に、はじめて応えることになった。

親鸞によれば、〈有念、無念〉といい〈一念、多念〉といい、これが対立概念としてでてくるのは〈自力〉が放棄しきれない方便の世界に身をおくからである。そこでは一念か多念か、有念か無念かがたしかに問題となりうるだろう。しかしこれらの対立概念は、〈他力〉絶対の世界では根こそぎ超出される。どう超出されるか。概念を対立させたからには、概念の組みかえによってはこの対立は超えることはできない。そこではあくまでも対立にたいして和解があり、二者択一にたいしていずれでもよしという概念が呼び込まれるだけだ。ただひとつ〈有念、無念〉や〈一念、多念〉の概念がでてくる世界を、そっくり絶対〈他力〉の世界に吸収させることによって、いわばこれらの概念はそのままべつの視角から照射される。概念はかえる必要はない。身をおくべき理念の世界を、べつの世界へと超出させればよいのだ。計《はか》らいの効かない〈他力〉の世界に超出された対立概念は、そのままでまったくべつの側面から照し出される。この対立概念を照射する意味の根源は〈選択本願〉にあると親鸞はかんがえた。なぜ〈有念、無念〉や〈一念、多念〉といった対立概念が、もっともらしい形で提出されてくるのか。親鸞はそれを、倫理的な判断を惹きおこす世界に身をおくからだとかんがえた。倫理的な判断なるものは、有念を散立された善とみなし、無念を定立された善とみなさずにはおかない。またその世界にいるかぎり、一念がいいか多念がいいか、一念も多念もひとしく往生の要因であるかといった次元に、いつでも人間はひきもどされる。だが〈選択本願〉の絶対他力の世界に意味の根源をおけば、事態は一変する。判断の横行する世界はすべて「そらごと、たわごと、真実あること無き」世界にしかすぎなくなるからだ。そこから照射するかぎり〈有念、無念〉も〈一念、多念〉も、対立概念としては無意味になる。親鸞はこの浄土教義の難問にたいして、ゆくところまで行ってみせたのである。

教信の幻を抱いて常陸の国をめざした親鸞の相貌は、法然にも、法然門下のたれにも似ていなかった。僧にあらず俗にあらず、どんな背光も袈裟も背負っていなかった。越後から坂東や近い奥州にかけて散在した親鸞の直門の念仏者たちの前に、親鸞は法然門に背をむけた一介の非僧の風体をとった念仏者としてあらわれた。教信は、本尊もおかず経文ももたなかったと口伝されている。親鸞もまた坂東の念仏者たちに、そう説いたことは疑いない。そこでは親鸞の像は徹底した放棄の姿をみせている。

およそ仏像を造り、塔を立てる等のことは、弥陀の本願にふさわしからぬ所行である。これによって一向専修の行人は、そういうことを企つべきではない。だから祖師親鸞聖人が世に在ったその昔に、こんせつに法意をじかに伝授される機会のあった門弟たちは、堂舎を営作する人とてなかった。「ただ道場をすこし人屋と区別して小棟をあげて作るべき」由を示唆された。中古よりこの方、聖人の遺訓から遠ざかる人たちの世になって、寺を造る土木の企てにおよぶことは、聖人の仰せに違反することで歎かわしいことである。(『改邪鈔』九)〔私訳〕

『改邪鈔』の著者覚如にとって、一介の〈非僧非俗〉の念仏者だった親鸞の姿は、すでに遠くなっていたかもしれない。だが偶像が放棄さるべきこと、思想に伽藍や袈裟が不要なことだけは、まだ明瞭だったとみえる。時代がすでに、親鸞にとって自明だったことを、改めて問題にしなければならないところにきていたが、まだここには、北陸と坂東と近い奥州に〈非僧非俗〉の思想を流布していた親鸞の姿は、小さな像を結んでいた。

親鸞伝説

親鸞の伝説のなかから、実生涯の伝記を掘り出そうとする試みは、現在でもそれほどうまくいっているとは云い難い。ひとつには、どうしても空白の時期がのこされているということがあり、もうひとつは実記とおもわれる記述に虚構がまじり、虚構や付会とおもわれるところに、実記がのこされている可能性がかんがえられるからである。これはたぶん、ただひとつの理由によっている。

念仏者としての親鸞は、当時の辺境である北陸や関東や奥州に潜んで布教し、そこにしか基盤をもたなかった。その消息は中央である京洛の地では、ほとんど関心をもたれなかった。いいかえれば親鸞は法然門下のうちでも、べつに目立たない一地方的な存在であった。また思想家としての親鸞の全貌は、晩年京洛にもどり、かくれるようにして著述に打ちこんだ時期に大成されたのだが、親鸞自身が、生前には思想家としての自己を中央でうち出すことはしなかった。ここでもまた親鸞は、地方的な存在としてしかみなされなかった。かれのなかで、源信法然以来の日本浄土門の思想が、遥かに遠くまで成熟していたことを、すくなくとも同時代の他の思想家たちは、たれも知らなかったといっても過言ではない。むしろ死後に、直弟子たちの聞書にあらわれた言葉や弟子たちに与えた消息によって、しだいにその巨きな思想が姿をあらわした。この事情は、親鸞の伝記を困難なものにしているとともに、後代の門流が親鸞を伝説化し聖化するのに拍車をかけている。試みに〈非僧非俗〉の思想的な風体をとって、越後を出立した親鸞の姿が、常陸をさしたまま杳として消息を絶ったとかんがえてみよう。親鸞が、坂東の各地に出没して念仏一向を説いていたことは、直弟子たちの存在によって結果的に明白である。だがいつどこにどれだけ滞留していたか、たれも知ることはできない。そして、親鸞の実際の風体が杳《とお》く消えていったところで、親鸞伝説があらわれる。したがって、親鸞伝説のなかに親鸞の実像はありようがなかった。ただ親鸞が、坂東の地で実際に直面した問題は、親鸞伝説のなかに蘇っているというべきである。伝説がつくり出される動機は、〈聖化〉したいという念慮と、一見これと裏はらな共同の〈必要〉性である。伝説の〈真〉は、至上化された愛惜と極端な有用性から成っている。わたしには親鸞伝説のなかから、生涯の実像を掘り出そうとするよりも、親鸞伝説のモチーフを純化してみたいという欲求のほうが強い。ここからは親鸞の実生涯は霞んでしまうかもしれないが、親鸞の教義が直面したリアルな問題がいやおうなく浮び上ってくるようにおもわれる。

親鸞の伝記を構成している短い説話群は、つぎのようないくつかの要素からできあがっている。

(1)建仁三年四月五日夜、夢告があった。六角堂の救世菩薩が聖僧の形をしてあらわれ、行者宿報設女犯　我成玉女身被犯　一生之間能荘厳　臨終引導生極楽　と告げて、これを一切衆生にきかせよとあった。

(2)法然のもとにあった時期、親鸞がある折り法然に、弟子たちが集まったとき、「信不退」と「行不退」と何れに就くか座をわけてみたいと告げ、三百余人の弟子たちを試みた。聖覚と信空と遅参した熊谷直実入道だけが「信不退」の座についた。法然も「信不退」の座につらなろうと云った。

(3)法然のまえで、聖信房、勢観房、念仏房以下の弟子たちがいたとき、法然の信心も親鸞の信心もひとつで、すこしもかわりないというと、弟子たちはこれをとがめて諍論があったが、法然は信心にちがいがあるというのは、自力の信心をいうので、他力の信心は善悪の凡夫ともに変るものでないと云って、親鸞の説を支持した。

(4)弟子の入西房が、親鸞の肖像をうつしたいと告げると、親鸞が定禅法橋に描かせるがよいといったので法橋に依頼したところ、法橋は昨夜霊夢にあらわれた聖僧の面像と親鸞の容貌とがおなじだといって随喜感歎した。すなわち親鸞は夢中の弥陀如来の再現だと云った。

(5)親鸞が、常陸の国で専修念仏を流布しているとき、これをねたむ山伏が、板敷山に待伏せて害しようとおもっていたがかなわず、親鸞の禅室にたずねて、その容顔をみると、たちまち害心を失い、たちどころに弓箭をきり、刀杖をすて、頭巾をとり帰依した。

(6)あるとき親鸞は、箱根の険阻をとおると、老翁の正しく装束した者が、〈夢うつつのうちに権現があらわれて云うには、じぶんの尊敬すべき客人がこの路をすぎるから、丁重に尽して饗応すべしと示現したが、貴僧がすぐにおいでになった〉と告げて、飯食をもてなした。

(7)安元二年二月十五日の晩、十八公麿（親鸞の幼名）は、庭におりて泥沙をもって仏像三体をつくり礼拝した。

(8)建久二年（十九歳）九月十二日夜から十五日まで、磯長の聖徳太子廟に三日三夜籠ったとき、霊告があって聖徳太子があらわれて、我三尊化塵沙界　日域大乗相応地　諦聴諦聴我教令　汝命根応十余歳　命終即入清浄土　善信善信真菩薩　と告げた。

(9)建久九年、親鸞が京から比叡の山へ帰る途次、赤山明神へ参ると神籬のかげからあやしげなる女性があらわれて、山へ連れていってくれ、女人だけが成仏できないというのはおかしいとせがんだ。そして女人禁制ならば仕方がない、これを師に奉るといって、天日の火を取る玉をさしだした。玉と日と重なることについて、後に思いあたることがありましょうといって消え去った。

(10)建仁辛酉十月上旬、月輪殿、九条兼実が法然のもとへやってきて、弟子のうち一生不犯の清僧をひとりいただき、息女玉日を配したいと希望し、これにたいし法然は親鸞（綽空）を指名した。
(11)元久二年春、親鸞（綽空）は、吉水で、他の弟子のいないとき法然から『選択集』を授けられ、速やかに写し取って他見せぬよう申し渡された。また、法然の肖像をあずかり描きとった。
(12)越後配流の途中、鏡宿で、三上岳の老翁があらわれ、天余手と名告り、これから影のように守護しましょう、五年後によいことがあるはずと述べて立ち去った。
(13)桑名御崎の漁父が、殺生の罪を嘆くのに、無手で本願にすがれば往生は決定であると説いて、帰依させた。
(14)鹿島のちかくの鳥巣の里で、寺の墓から女の妖霊がでるのを、念仏でなだめた。
(15)大増村のあたり、若国山の東の方で、大蛇に出あった。前生は女であったが、悪心のため大蛇になっている、この苦しみを救ってくれと告げられて、念仏でなだめた。大蛇は死んで池の水に浮んだ。
(16)与沢という里で、平田某という庶民から、産難で死んだ妻の亡魂をなだめてくれと云われ、これをなだめた。

(17)筑波山に詣でたとき神夢があり、山の男体権現の使いという童子があらわれて、山下の洞窟のうち中窟に入るべしというので、入ると二つの釜があり餓鬼がでてきて救いをもとめたので、念仏を二日二夜させて得度せしめた。

(18)常陸国霞浦で、浦人が海上の光物のため魚がよらなくなったと訴えたので、網でとらせると金泥の弥陀古仏であった。

(19)寛喜年中、親鸞の説法をききにくる白衣の老翁があり、これに法名をあたえたところ、この法名は鹿島社の社頭にあった。

(20)下野から相州鎌倉へかよって教化したとき、筑波山十八童子の一人茶喃玖童がきて道案内をつとめた。

(21)駿河の国阿部川で雨がふり水かさがおおくなって渡ることができないでいると、一人の僧が親鸞の手をとって膝から上には水がつかないように、川を渡してくれた。不思議におもっていると、僧は、親鸞の笈のなかに消えた。笈のなかには、霞浦であげた金泥の阿弥陀仏の木像が入っていた。

(22)建長八年二月九日の夜、親鸞の身辺にいた蓮位房が夢をみた。夢想のなかで聖徳太子が親鸞を礼して、敬礼大慈阿弥陀仏　為妙教流通来生者　五濁悪時悪世界中

決定即得無上覚也　と告げた。

(23)三河国柳堂明眼寺で説教したとき、聴聞の若い男が、焼栗を供養して弥陀の利益は、焼いたものの種を生ずるはずだというので、親鸞が本尊に称念すると、はたして芽を生じた。

(24)暦仁元年、七月六日の夜、虚空に楽の音があり、霊光、異香が禅室にみち、天女が機を織っている姿があった。親鸞がみていると、横三尺、縦一丈五尺の紫紅の錦が織りあがった。

(25)越後国柿崎の里で、小畠左衛門というものの門に立ち、雨宿りを断られたが、これを帰依させた。

(26)伊勢神宮に参詣したとき、神官が、前夜夢に神宮があらわれて、明日やってくる僧を瑞垣の内に入れよ、対面せんと告げた。

(27)あるとき親鸞が、柳枝を水田の泥に刺し、菩提子を平石の南に植え、石上に帰り、般舟三昧したら、一夜にして二十尺余の枝葉を四方にひろげた。中央は凸然と高堅の地盤になったので、ここを高田と称するようになった。

これらの説話群が、親鸞の伝説の生涯をつくりあげている。親鸞のおもな伝記は、これらを適宜に排択し分布させることによって再構成することができる。(表参照)

これを眺めてみると、もっとも周到な親鸞伝説は『正明伝』によってつくられていることがわかる。この伝説があれば、そのほかの伝説や伝絵のたぐいは、じぶんの寺派に付会する説話を挿入することによって、すべてつくりあげることができる。そして、もっとも巧みに、詳細に、それをやっているのは高田派の『正統伝』であるとみられなくはない。高田開山に力点をおかれた『正統伝』は、すでに『正明伝』が存在していたことを前提とすれば、そこから京都における親鸞伝説(4)・(9)と、越後配流の過程につくりあげられた親鸞伝説(12)・(13)を抜き去り、その代りに高田伝説をつけ加えれば、創りあげることができるものであった。なお、あえていえば、関東における固有信仰にまつわる伝説(17)・(20)を、じかに宗派的に対立するものとして外したといってもよい。高田開山の祖師として『正統伝』から除かれている親鸞の京都伝説は、弟子の入西房が親鸞の肖像を描きたいと申し出たとき、親鸞が定禅法橋を指定したという挿話(4)と、京から叡山に帰る途中で、女人に連れていってもらいたいとせがまれたという挿話(9)である。また、越後配流にまつわる挿話は、越後へ送られる

本願寺聖人親鸞伝絵	(1)	(2)	(3)	(4)	(5)	(6)						
親鸞聖人正明伝	(1)	(2)	(3)	(4)	(5)	(6)	(7)	(8)	(9)	(10)	(11)	(12)
親鸞聖人御因縁秘伝集	(1)									(10)	(11)	
錦織寺伝絵記												
高田開山親鸞聖人正統伝	(1)	(2)	(3)		(5)	(6)	(7)	(8)		(10)	(11)	
善信聖人親鸞伝絵	(1)	(2)	(3)	(4)	(5)	(6)						

(22)

(13) (14) (15) (16) (17) (18) (19) (20) (21) (22)

(18) (21) (23) (24)

(14) (15) (16) (18) (19) (21) (22) (25) (26) (27)

途中で三上岳の老翁が、配流生活のあいだじぶんが守護しようと告げたという挿話(12)と、配流から赦免されて京から関東へむかう途次、桑名の漁父に殺生の罪をなだめて帰依させるという挿話(13)である。『正統伝』がこれらの挿話をはぶいていることは、高田開山に親鸞を位置づけようとするモチーフから、当然おこりうることといってよい。『正統伝』は、なお筑波山伝説にからまる二つの挿話(17・20)を削り、高田伝説(27)をつけ加えている。もちろん、これは『正統伝』の著者良空が、『正明伝』の内容となっている四巻本を参照にしたという前提にたってのことである。『御因縁秘伝集』のモチーフは、二つに要約される。ひとつは親鸞の妻帯が、救世観音の夢告と法然の要請によって、在家衆生の済度のためやむなくなされたものだという伝説をあつめることで、女犯戒にたいする必要な擁護をおこなっていることである。もうひとつは、親鸞が吉水の禅房でじかに法然から『選択集』を授けられ、法然の肖像をあずかり描きとったという伝承をもってきて、親鸞が法然の正統な宗義を継ぐものであることを強調したかったことである。この二つは、たぶん長いあいだ親鸞教団にたいして、法然門流の浄土宗派や、その他の宗義から加えられた最大の批難であった。そして『秘伝集』は、ただこの二つの批判にたいして応えるためにだけつくりあげられているといっても過言ではない。

『錦織寺伝絵記』は、親鸞が常陸の国霞浦で、漁師の網にかけて金泥の弥陀仏をひき上げたという伝説(18)を、錦織寺の縁起伝説と結びつけることに意を用いている。この金泥の弥陀仏を笈に負って、帰洛の途次阿部川の渡しで堰とめられたとき、一人の僧が川を渡してくれたが、この僧はやがて笈のなかに消えた。弥陀仏の化身であった。この挿話(21)は、親鸞が帰洛の途次に滞在して、天女が錦を織るのをみたという錦織寺の縁起伝説(24)と、地縁的に結びつけられる唯一の挿話であるところから、つくられたとみることができよう。

『善信聖人親鸞伝絵』は、『本願寺聖人親鸞伝絵』と本筋ではすこしも異っていない。総体的にみて親鸞伝説を構成しているモチーフは、いくつかにとりまとめることができる。ひとつは、親鸞が結婚し(女犯の戒をおかし)て、子供をもうけたという生きざまを、仏教における僧侶の在り方の通念にたいして擁護しようとしていることである。もうひとつは、親鸞が法然の正統な衣鉢を継ぐものであったということを、法然門流の浄土宗派からの批難や黙殺にたいして、権威づけようとするモチーフである。さらに、数えれば、浄土真宗を、土俗的な地域的な信仰と習合させようとするモチーフである。そして最後に、当然のことであるが教祖である親鸞を、奇蹟の能力をもつ超人として神格化しようとするモチーフにつらぬかれている。

親鸞の伝記を〈事実〉として読みこもうとすれば、ほとんどすべてが虚譚で、ほんのわずかの〈事実〉らしさが埋もれているということになるだろう。それを掘りおこすことはほとんど不可能であるし、また無意味であるといってよい。しかし伝説的な〈真〉として読もうとすれば、それ相当な動機がふくまれている。

親鸞が妻帯し、子供をもうけたことは、越後配流後の〈非僧非俗〉の理念と境涯からみてまったく当然であった。このばあいの親鸞は、すでに平安末から鎌倉期にかけての僧侶の概念からはみ出していたとみるべきである。仏教が、アジア的な貧困な社会で必然的に産みだした女人不浄の思想は、すでに親鸞にとって教理的な問題とはなりえなかった。また、不自然な戒律生活が、教理的な達成をもたらす度合を信じてもいなかった。身分としての僧侶、文化としての僧侶、本領や荘園や高官や、宮廷に依存した寺院としての僧侶も信じられてはいなかった。その意味では親鸞は、在家念仏者の姿に徹していて、ほとんど天台浄土系の規範から自由であったといえよう。むしろかくべつの宗脈をもたない一介の捨て聖とみたほうがよいくらいであった。そういう実像をおもいえがけば、親鸞が妻帯し、子をもうけという生活をとったことも、かくべつ不思議ではなかった。

ただ親鸞は、思想家としては法然の開いた浄土宗の理念を継承するものとして、自らを位置づけた。そして法然によって日本浄土思想が、はじめて実践的に開花したことも事実であった。わたしたちが知っている法然と親鸞の現実的な関係は、比叡山の堂僧を勤めていた親鸞が、六角堂に参籠して、九十五日目の暁にえた夢告によって、法然のもとに照る日も降る日も百日間通って教えをうけたということだけである。すくなくとも、これだけは〈事実〉として恵信尼の書簡から確実にしることができる。それ以上の法然との関係は、疑えばいくらでも疑えるものであった。事実、法然門流の浄土宗派は、法然と親鸞の関係を抹殺するものから、法然に弟子として認められていなかったとする見解にいたるまで、親鸞の思想的な存在を否認しようとしている。これは、べつな意味で認められてよい。親鸞の思想は、法然を止揚することによって成り立っているし、親鸞自身がそういう位置づけをしているが、親鸞の実践的な姿勢は、法然とも法然門下ともまったく似ていない。たぶん坂東における親鸞の姿は、まったく法然の系譜からはみ出していた。ここに親鸞の思想と現実の風姿との自己分裂があった。この分裂は、坂東において親鸞にじかに接した念仏者が書きとめた言行録がなければ、埋めることはできなかったはずである。

親鸞の伝説をつくるばあいに、述作者たちが苦心したことのひとつは、法然との血脈をいかにして正統化するかという点であった。これを浄土宗派にたいして誇示するばあいには、さらに法然が弟子たちのなかで、いかに親鸞だけを尊重したかという伝説を創りあげることが必要であった。「信不退、行不退」の説話(2)、法然の信心も親鸞の信心もおなじだという説話(3)、親鸞だけが、他の弟子たちがいないとき法然から『選択本願念仏集』を授けられ、他見をせぬよう書写することを申し渡されたという説話(11)、親鸞の妻帯が法然の要請と認可のもとになされたという説話(10)は、いずれも、このためにつくられたといってよい。法然の門下のうちで、親鸞はけっして上席で目立った存在ではなかったし、法然が親鸞を尊重したという徴候はどこにも見当らない。また、親鸞の思想は、越後配流後に、主として坂東にあって孤立して伝道しているあいだに形成されたもので、若い日に百日法然のもとに通った以上に、法然との接触があった徴候はないといってよい。また思想家としての親鸞は、法然を超えてはるかに遠くまで行った。そして親鸞の念仏の基盤は、坂東や近い奥州にあって親鸞教として独立した宗派を形成しており、浄土宗諸派と関係はなかった。在世中の親鸞は、坂東に基盤をもって在家念仏を説いていた得体の知れぬ存在と視られていたとおもえる。また親鸞も、晩年帰洛のあとは中央で布教につとめることはなく、もっぱら教理的な著述と坂東の念仏者からの疑義に応えることに専念して、思想家として自己主張することはなかった。

親鸞伝説には、坂東の地域的な特殊性におおくの配慮が施されている。そのひとつは、筑波や箱根権現信仰との習合を示唆する伝説(6)・(17)にみられる。この伝説では、筑波の男体権現や箱根権現の化身が、親鸞の道案内をつとめることになっている。また関東の古代からの神社信仰の中心であった鹿島神宮との習合説話(19)も、つけ加えられている。親鸞の説法を聴聞した白衣の老翁に乞われて法名をあたえたところ、この法名が鹿島神宮の社頭におかれていたという説話は、親鸞教が、坂東で直面した土俗信仰とのかかわり方をよく象徴するものといってよい。おもうに、親鸞の絶対他力の念仏は、実際の場面では、修験道から神社信仰にいたるまでの、坂東の土俗的な信仰や風習ともっともおおく衝突したとおもわれる。称名念仏にしたがうものは、日常の習慣として生活に滲み込んでいる土俗的な神や、祭りや、祈禱の風習を捨てるべきか否かという問題は、教義的には無意味としても、実際の信仰としては切実な問題であった。親鸞は、体験的に念仏以前の民俗信仰との習合を説いたとみられる。

ひとつ。まず、もろもろの仏や菩薩を軽んじてしまい、もろもろの神祇冥道をあなどり捨ててしまうということ、このことはゆめゆめあってはならないことである。世々代々にわたって無量無辺のたくさんの仏や菩薩のたまものによって、たくさんの善を修行してみたけれど、自力では生死の境をこえることができないでいたので、数えきれないほどの遠い過去の世々にわたって、たくさんの仏や菩薩のお勧めによって、いまありがたい弥陀の本願の誓いに出会うことができた御恩を知らずに、よろずの仏や菩薩を悪しざまに目のかたきのように言うのは、深い恩を知らないことになる。仏法を深く信ずる人を、天地に在られるよろずの神は、影が形にそうようにして護ってくださることだから、念仏を信仰している身として「天地の神を捨ててしまおう」と思うことは、ゆめゆめあってならないことです。神祇等さえも捨ててはならないとすれば、もろもろの仏や菩薩を仇のようにも云い、おろかだと思うことがあってよいものか。〔『親鸞聖人御消息集』四〕〔私訳〕

こういう天神地祇との和解のかんがえは、理念からくるというよりも、実践的な必要から云われているとみたほうがよかった。挿話の(5)は、親鸞の専修念仏に人々が帰依するのをねたんだ修験者が、親鸞を害しようとしていたが、いざ対面してみると害心を失い、かえって帰依するという物語である。また、坂東へ下向の途中、伊勢神宮に詣でた親鸞が、神官から昨夜夢に神宮の神体があらわれて、明日やってくる僧侶は尊い人物だから瑞垣の内に入れて対面しようと告げられた挿話(26)が付会されている。伝説が創りあげているこれらの神社信仰と念仏との習合の挿話は、坂東において親鸞の教義が当面した切実な問題を象徴しているといってよかった。坂東の地には、村落の土俗的な権現信仰や、修験や、鎮守の神社の信仰などが、生活の習慣と結びついて定着していた。これらは信仰と呼ぶべきかもしれないし、茶飯と一緒に流し込まれる粗食の一品として、人々の糧の一種だったかもしれないが、死を超える道だけは教えはしなかった。親鸞の念仏はそれを教えた。だが糧を喰べながらでもやがてたれもが直面する死にかかわることが念仏の本意だったから、教義的にはともかくも、実践的には土俗の神祇と対立したり、矛盾したりする必要はなかったのである。

生死の一条を一向の念仏によって超えられると説くことに、本来的には他の信仰や習俗は障害とはなりえなかった。ただひとつ難問があるとすれば、粗食と貧窮に耐えて生涯をおくる海辺と水辺と山麓の衆生に死後の安養を説くことは、諦めよというのと変らないのではないかということであった。浄土信仰が現世の苦痛を救済するわけではないとすれば、人々の信心が変りやすいというのは、生活の現実が動かしがたいことと同義である。そこでは、念仏浄土の思想は、衆生が粗食と貧窮のなかでも、何かを信仰したい渇望をいつももっていると前提しなければ、普及しないはずである。そして、たしかに辺境の衆生たちは、何かを信仰したい心か、すでに何かを信仰している心をもっていたのである。そうだとすれば親鸞は、慈悲や慈善のたぐいがもつ相対と絶対との弁証を解明してみせればよかった。

ひとつ。慈悲ということには、聖道の慈悲と浄土の慈悲の二つがちがってくる契機がある。聖道の慈悲というのは、ものを不憫におもい、悲しみ、たすけ育ててやることである。けれども思うように助けおおせることは、きわめて稀なことである。また浄土の慈悲というのは、念仏をとなえて、いちずに仏に成って、大慈大悲心をもって思うがまま自在に、衆生をたすけ益することを意味するはずである。今生においていかに人々を愛《いつく》しみ、不憫におもっても、思いのとおりに助けることは難しいから、そうかんがえる慈悲はきりなく続くほかない。そうだとすれば称名念仏の道こそが、終りまで透徹した大慈悲心と申すべきであると、云々。

(『歎異鈔』四)〔私訳〕

こういう説き方を親鸞がやったのは、おもな弟子たちにたいしてだけだったかもしれない。ここには往相浄土だけではなく、還相浄土のことが云われている。念仏によって浄土を志向したものは、仏になって浄土から還ってこなければならない。そのとき相対的な慈悲は、絶対的な慈悲に変容している。なぜなら、往相が自然的な上昇であるのに、還相は自覚的な下降だからである。自然的な過程にあるとき、世界はすべて相対的である。よりおおくの慈悲や同情や救済をさし出すこともできるし、よりすくない慈悲や救済をさし出すこともできる。しかし、さし出された慈悲が、実現するかしないか、有効か否かは、慈悲をさし出す側にも、慈悲を受けとる側にもかかわりがない。ただ相対的であるこの現世に根拠があるだけである。自覚的な還相過程では、慈悲をさし出すものは、慈悲を受けとるものと同一化される。慈悲をさし出すことは、慈悲を受けとることであり、慈悲をさし出さないことは、慈悲を受けとらないことである。衆生でないことが、衆生であることである。そして、この慈悲が絶対的でありうるのは、さし出すことと受けとることの同一化とともに、還相の過程が弥陀の第十八願の〈摂取不捨〉に接触したのちの過程だからである。こうした徹底性によって、親鸞の念仏は坂東の念仏者を獲取していった。たぶん親鸞の説得は、恐ろしい力をもっていたにちがいない。かれは「一切の有情は皆もて世々生々の父母・兄弟なり。何れも〳〵この順次生に仏に成りて助け候ふべきなり」(『歎異鈔』五)ということを、いわば教理的に完成していたからである。

しかし親鸞の言説には、どこにも聖化すべき理由はないはずであった。かれはたえず自己相対化することでじぶんを解体させながら、理念に相渉った。それにもかかわらず、親鸞の伝記のたぐいを最終的に彩っているのは、奇蹟をおこない超人的な所業をあらわす親鸞の風姿である。ほとんど信仰そのものの解体といってよい親鸞の教義は、相応の偶像破壊の説得力をもち、また自身も〈非僧非俗〉の風体をとっていて、どこからみても〈聖化〉されるべき理由はなかった。それにもかかわらず、あらゆる宗教的な始祖を飾るとおなじ額ぶちが親鸞の伝記を描くのに使われた。鳥巣の里で女の妖霊をなだめ(14)、大蛇を念仏で鎮圧し(15)、水かさのつのった阿部川を膝から下しか水に沈まないで渡り(21)、焼栗から芽を生じさせ(23)、一夜にして樹の枝葉を二十尺余にひろげさせ、水田の泥に柳枝をさして、中央を凸然とした高堅の地盤にした(27)といった挿話は、親鸞を〈聖化〉する過程で、必然的に超人的な奇蹟の人として潤色していった手際を物語っている。坂東時代の親鸞ほど奇蹟から遠い存在はなかったはずである。宗教説話の一般的な性格が、虚構を至上物にまで高めてゆくことにあるとすれば、親鸞の伝記もまたすべての宗教的な始祖の物語や伝説と共通なところまで、虚構が高められていった。親鸞の実像からは無限の遠くに、もう一人の親鸞が無個性的な普遍的な聖像になっていて、すべての思想的な契機から罷免されている。ここでは、親鸞は〈伝記〉でなくても、宗教的な始祖の〈伝説〉であればよかったのである。

教理上の親鸞

1

浄土教の教理は、曇鸞の『浄土論註』のところで、親鸞がみた形では、おおよそ完成された姿をもっていたとみられる。教理をひとつの道程にたとえれば、浄土へ往く道があり、そこに到達し、なれ親しみ、時熟したあとで、ふたたび浄土から還ってくる道がある。浄土へ往くことが万人に至上の願いだとすれば、往くとはどういうことか、そこはいったいどんな世界で、どうやって往き、そのためになにが必要なのか。またふたたびそこから還ってくるとはどんな意味なのか。これらの解明が教理上のすべての課題であったはずだ。

往相というのは如来がじぶんのもっている功徳をあげて、すべての衆生に向けて施して、一緒にかの阿弥陀如来の安楽浄土に生れさせようと願いを立てることである。還相とはかの浄土に生れてからあと、静かな心の統覚と、正しい智慧をもってする察知力を得て、すぐれた手だての力を成就したならば、生死の迷いにみちたこの世の樹林に戻ってきて、すべての衆生を教え導いて、一緒に仏のさとりに向かわせることである。（曇鸞『浄土論註』巻下）〔私訳〕

いま言葉の比喩的状態を解除したらどうなるか。浄土とは死後に実体ある場所として想定されているのか。浄土へ往く（往生）とは死んだあとで架空の楽土に往くことを意味しているのか。あるいは死ぬこと自体を飾って指しているのか。そして浄土から還ってくる道（還相）とは生れ変りとか、復活とかを意味しているのか。あるいは、まったく内的な過程で、これらはすべて現世に生きているあいだに到達し、そして到達したところから現実を照しだす心の構えをさしたものなのか。わたしたちが喚起される疑問にむかって親鸞は歩いてくるかもしれない。また歩いてはこないで、行き違ってしまうかもしれない。

親鸞にとって天親の『浄土論』をうけた曇鸞の往相、還相論は自明のことで、すでに教理的な範型としてあり、その意味ではなにも加えることはなかった。親鸞が思いを凝らしたのはただ教理の現実的な意味と、その教理の現実にむかってゆく人々の〈信〉の現実の姿との空間であった。そのあいだには膨大な距離がある。この醒めた空隙にうまれる一切の疑念に、答えを充たしてゆくことが大切であった。

そこですべきことがあるとすれば、天親の『浄土論』、曇鸞の『浄土論註』以後に、道綽や善導などによって展開された教義的な蓄積物のなかから、なにが雑行と雑業であり、なにが正行と正業であるかを理路によって択りわけ、整序することであった。教理を明確化すること、先達の解釈はすべて挙げながら、自然にその軽重が測れるようにすること。主著『教行信証』によれば、親鸞は浄土を志向する姿のなかに、なすべき行為と〈信〉の形を付託しようとした。そして浄土という概念に密着している証（さとり）の究極の姿と、証（さとり）の剰余（遊び）としての還相廻向を想い描こうとした。

たとえば、一遍にとっては浄土は〈願わるべき死〉としてあり、いかにして生きながら死と等価な姿を実現するかが一切の思想的な主題であった。

浄土門は身心を放下して、三界・六道の中に希望する所をひとつもなくして、往生を願うことである。この現世の中に、一物も大事に思うことがあってはならない、この身をこの現世に置きながら、生死をはなれることではない。（一遍上人語録「門人伝説」）〔私訳〕

また云われるのに「生きながら死んで、静かに来迎を待つべきである」と云々。万事に動揺せず、一切を捨離して、孤独独一であることを、死ぬというのである。生れたのもひとりである、死ぬのも独りである。だから人と一緒に住んでも独りである、どこまでも連れ添ってゆくべき人などないからである。また、自我をもたずして念仏を申すのが死ぬということなのである。じぶんの計らいでもって往生を疑うのは、とても当を得ないことである。（一遍上人語録「門人伝説」）〔私訳〕

また云う、念仏の下地をつくってはいけない。そもそも、行ずる風情をすることも往生できない、声を装う風情をすることも往生できない、身に振舞うふりも往生できない、心のもちようをてらうことも往生できない。ただ南無阿弥陀仏と称えることが往生するのである。(一遍上人語録「門人伝説」)〔私訳〕

一遍にとっては、生を死とひとしい価値にするため、一切を放擲した生活の風体を、一挙に実現できるかどうか、その苦行と諦念と放浪に耐えられるかどうかが、浄土へ往く問題であった。これはラジカルな行為の異様さと、非凡さの像をあたえたことはたしかだった。しかし自己偽瞞も極大化されるため、ほとんど無限な自己否定を怠れば、たちまち虚偽に転落するものであった。

親鸞は死を生の延長線に、生を打切らせるものというようにかんがえなかった。死はいつも生を遠方から眺望するものであり、人間は生きながら常に死からの眺望を生に繰入れていなければならない。このとき精神が強いられる二重の領域、生きつつ死からの眺望を繰入れるという作業に含まれた視線の二重化と拡大のなかに、生と死、現世と浄土との関係があるとみた。親鸞が、曇鸞の『浄土論註』にならって「往相」と「還相」をとくとき、ある意味で生から死の方へ生きつづけることを「往相」、生きつづけながら死からの眺望を獲得することを「還相」というように読みかえることができる。この浄土門の教義上の課題は、まさに思想的に親鸞によって抱えこまれ、そして解かれたのである。一遍のように生きながら死とおなじ無一物、無執着を実行できれば、死つまり往生が実現されるとみなかった。それは浄土門の思想的な課題を放棄することだったからである。

親鸞は一遍に象徴されるような実践的なラジカリズムと、ラジカリズムの実践を否定する。苦悩の旧里が捨てがたく、まだ見ぬかぎり安楽の浄土が恋しくないことこそが煩悩のさかんなしるしであり、このしるしこそ、一挙に他力の〈信〉によって浄土に転ずる契機だ。それゆえ力なくして終るときに浄土へ参ればよい、とみなした。だが教理的な理路を正確にたどらないかぎり、ここには陥穽が待ちかまえている。外観的には〈信〉も〈不信〉もない、ただ老いて自然に死を迎えることの肯定とひとしいからだ。この肯定を〈信〉の極地として必然化するために、これに教理的な通路をつけることは必須の課題であった。

親鸞が受容した浄土は、一遍の主観的な独一性とはまったくちがっている。浄土教理のうえに理念として立ちながら、しかも現実の生死に、微細な網目を織りあげることを意味していた。その網の目はすくなくとも確かな生のたて糸と、死のよこ糸から成り立っていなければならない。もし浄土が存在するとしたら、人間の生死も存在しなければならない。だがもし人間の本質は現に存在しているそのことでないとすれば、人間は生きることも死ぬこともできない存在でなければならない。そうだとすれば、浄土もまた存在することもできず、存在しないこともできない場所に、位置していなければならないはずだ。もうひとつ云うべきことがある。浄土は阿弥陀という光にあふれた仏性の本願の力によって像出された世界であり、この仏性の四十八願が存在しなければ存在することはできない。またこの本願力が存在できるとみなされたところで、はじめて存在する世界にほかならない。このふたつの条件から織りだされた教理上の浄土の概念は、親鸞によって主著『教行信証』のなかで整序された姿をあらわした。親鸞はこの概念のうえにあらわれた浄土を受容したとき、どこからいかにしてこの浄土に往って生れ、いかにしてそこから還ってくるか、そして往くことと還ることとは、教理の織目に照らして、どんな意味になるのかという課題を強いられることになった。

2

天親の『浄土論』には、浄土に生れようとするなら「五念門」を修しなければならないと述べられている。「五念門」の第一は礼拝門で、一心に合掌して香華を供養し、阿弥陀仏を礼拝することである。第二は讃歎門で、専心に弥陀仏の身相光明、一切の聖衆の身相光明および浄土の一切の荘厳の光明を讃歎することである。第三は作願門で、昼夜をわかたず、いつどこでも真実心をもってかの浄土に生れようと発願することである。第四は観察門で、心を専一にして仏や一切の聖衆の身相光明、浄土の荘厳などを、睡眠のときをのぞいていつも憶念し、常に想像で観想することである。第五は廻向門で、心を専一にして、じぶんの行う善根、一切の聖心の善根をよろこび、諸仏菩薩とおなじように、じぶんの善根をもって、人々と一緒にかの浄土に廻向することである。

ようするにいつも浄土の荘厳なかがやく光景を想い描き、浄土の主仏である阿弥陀仏の姿を想念に描いてこれを礼拝し、讃歎し、いつもそこへ生れたいという願いをもちつづけて執着することを説いていることになる。そうすることによって想像的に描かれた浄土に親近し、想念が自在になってゆくことを求めるものであった。

道綽の『安楽集』(巻上) は、つぎのように記している。

諸仏を世に出現させるのに「四種の法」がある。第一は口に十二部経を説くことで、「法施の度衆生」と云われる。第二には諸仏如来の無量の光明相好を心にかけて観察することである。これは「身業の度衆生」と云われる。第三には諸仏の無量の徳用や神通力によることで「神通力の度衆生」とよばれる。そして第四にはじめて、名号を称念することがやってくる。

四にはたくさんの仏や如来に無数の名号がある。あるものは総称であり、あるものは個別的な名号である。もし衆生がたまたま心をあつめて称名念仏すると、障りを除き、利益をえて、すべて仏のまえに生れないということはない。すなわちこれは名号により衆生が済度されることである。よく計算してみると現在の衆生は、仏がこの世を去られたときから後に、第四番目の五百年にあたっている。正しくじぶんの罪を懺悔し、善いことを行い、仏の名号を称えるべき時に生きている。もし一念だけ阿弥陀仏の名号を称えれば、よく八十億劫の生死にまつわる罪を除くことができる。一念でもすでにそうである。まして常に念仏を修するのは、永遠に懺悔する人である。（道綽『安楽集』巻上）〔私訳〕

名号を称念するということにはふたつの意味があった。ひとつは名号が諸仏如来の全体性を喚起するものとみなされただけではなく、それが象徴する場所（浄土）を喚起するものとみなされたことである。もうひとつは音声によって現象されるものが、理念的な現前と知覚的な現前のあいだに、半意味的な状態を出現させるものだとみなされたことである。半意味的な状態では、諸仏如来につくこともなく離れることもない意識状態が実現される、とみられた。観想による現前にともなう半ば幻視的な呪的な喚起力や、憑依的な喚起力にくらべて、いわば正覚の現前にあたっていた。

天親にはなかったものが、すでに道綽や善導でははっきりとあらわれている。読経によって経典を理解することや、経典の趣意を人に解いてきかせることや、観想によって仏の光明にかがやく形姿を想い描くことや、仏を礼拝しその神通力を頼むことは、すくなくとも称名念仏にくらべて第二義的とされた。このことはいわば心的な像喚起力や、想像力の修練や、奇蹟に頼む心が、入りこむ余地があるような修行を、卻けたことを意味している。大乗教理のうちで原始的な蒙昧に属するものが〈信〉から剝離してゆく過程を、もっとも劇的に教理にのせたものが曇鸞にはじまる浄土門の思想家たちであった。

そこで仏の名を呼び、それを称えるという行為が、正行のなかの正業として撰択されるにいたった。

この撰択を根拠づけるために浄土門の思想家たちが一様にとった理路は、道綽がいうように、すでに末法の時期にあたって、人々は難行や苦行によってじぶんを知覚像的に、あるいは身体的に、仏に近づけてゆくような修練に耐ええなくなっているし、また称名念仏は易しく短いので、どんなときでも称えやすいということであった。

だが思想的な意味はそうではない。教理が含んでいる未開的な憑依の能力や、幻覚創出の修練に類する要素を、迷蒙として排除してゆく覚醒の過程がしめされている。もうひとつは名号を称えることにたいし全能的な、むしろ唯名的な効力を認めたことにあった。べつの云い方をすれば幻覚や知覚的な現象へ依存する度合をだんだんに消去して、言葉の効力につく過程をしめしたといってよい。言葉とその音声による表出が択ばれたということは、仏と仏土にたいするめまいの状態から、明晰な距離と差異の意識へと移っていったことを意味している。そこで〈信〉が保たれるとすれば、この〈信〉はどこかで理念と平静に融和できなくてはならないはずだ。この意味をとらえることに浄土教理の深浅がかけられることになる。

法然は、道綽や善導の考え方から効用の論理だけを採用した。親鸞はそこにとどまることはできなかった。たとえば道綽のいっていることに則していえば「一念」でもたくさんの生死の罪が断たれるのだから、「常念」ではなおのことだという個処を、どう払底させるかが親鸞の問題であった。なぜならこの道綽の考えにはひとりでに「一念」よりも「常念」のほうがよいのだという理路が含まれているからだ。じじつ道綽は『安楽集』のべつの個所で『鼓音陀羅尼経』を引用して「十日十夜、散乱を除捨し精勤に念仏三昧を修習して、若し能く念念に絶えざらしむれば、十日の中に必ず彼阿弥陀仏を見たてまつるを得て、皆往生することを得」(『安楽集』巻下)と述べている。また『大悲経』から「若し専ら念仏相続して断えざる者は其命終に随ひて定めて安楽に生ず」(『安楽集』巻下)という不断念仏の要請を引き出している。「一念」でもたくさんの生死の罪が消えるのだから「常念」の念仏ではなおさらのことだという理路があるかぎり、それは「不断」の念仏を極度に追いつめれば、その果てに阿弥陀の心像を喚起できるというところまでゆきつくにちがいない。

そうだとすれば「一念」よりも「常念」のほうがよいという価値観の根柢にあるものが、どこかでくつがえされなければならないはずである。この問題は、もしかすると念仏という言葉と、その音声による表出を最上のものとして択んだとき、すでに付きまとう問題かもしれなかった。そして親鸞は最終的には〈信〉をまえにした人間の価値意識を、まったく別様にかんがえるという課題に当面したのである。

法然は『選択集』のなかで善導を祖述していた。「往生の行」は正行と雑行のふたつにわけられる。そして正行に「開合」のふたつの意味があり、「開」に五種がある。第一は読誦正行、第二は観察正行、第三は礼拝正行、第四は称名正行、第五は讃歎供養正行である。そしてこのうち第四の称名正行をえらぶのを、「合の二種」（正業と助業）のうち正業とみなした。

親鸞にとっては、一念するか不断に念仏をとなえるかは、すでに形骸の問題にしかならなかった。道綽の言葉は言葉どおりの意味はもうなくなっている。むしろ逆でなければならない。「常念」や「不断念仏」の理念のなかには、自力修練の意志力がどうしても介在せざるをえない。また、このことは生の空隙にその放棄の思考が入りこむことをさけることはできないだろう。そのときは浄土と現世のあいだも、弥陀の摂取本願の絶対性も、それにたいする〈信〉の位置も変形を蒙るほかない。親鸞の理念には「常念」や「不断」によって護持される〈信〉の状態は、〈信〉とかんがえられていなかった。また「常念」や「不断」に応報するかたちで弥陀の本願力が保たれるという考えはなかった。本願摂取はただその存在が〈信〉じられたとき、絶対的に具現されるものであった。

そこで親鸞にとって決定的なことは〈信〉だけであった。〈信〉心が決定するときに往生は決定する。来迎をまつこともなければ、臨終をまつこともない。もし一念で足りるとすれば、あとの念仏は諸仏にたいする報恩とすればよいのだし、多念が必要ならば〈信〉が決定するさかいまでやればいいというのが親鸞の考え方であった。

本来的に〈信〉の理念であるべきものを、知覚や生理的修練によって補ってはならない。そうすれば不断の修練をじぶんに強制することになるからだ。また本来的に〈信〉の理念であるべきものを未開の呪的な偏奇と能力の問題に依存させてはならない。この課題こそが親鸞の教理的な問題であった。かれは曇鸞以来、比較と選択として語られてきた念仏称名至上の理路を転倒して、いわば絶対的な定言としての念仏称名至上の理路に組みかえていったのである。

なぜ称名を択ぶのかという問いにたいして、浄土教の教理から、観想は心の働きを集中させてゆく時間と修練がいるが、いまの世の人々にはもはや成しとげることが困難になっている。称名はそれにくらべて易しいからだという考えのほかの答えをみつけることは難しい。だが音声の言語にたいする信仰と、事物の名辞にたいする信仰とが、観想を凌駕してゆく過程は、身体の修練で心の働きを変化させることができ、また心を変化させて身体の状態をつくり出す、という仏教的な融和の理念がひとつの裂け目を体験したことを意味している。そして称名だけが正業であるというときには、浄土教は言葉以外のものに信をおかないまでにつきつめられていった。『大経』の第十七願である「諸仏称名の願」は、前面におしだされてゆく。

親鸞が易行道というとき曇鸞がいう意味とちがっていた。また道綽や善導がいうのとも、それを祖述した法然ともちがっていた。称名念仏はやさしく実行しやすいというのでもなければ、たんに称名念仏が往生への正行中の正業であるからというにもとどまらなかった。むしろすこしでも易行を外れて自力の修練の痕跡が入りこめば、浄土への往生は叶わないものというところまで易行の意味をもっていったのである。すこしでも自力の匂いがはいれば化身土である懈慢界か、疑城・胎宮にしかゆきつけない。つまり第十九願と第二十願(註)の領域に入りこんでしまう、というのが親鸞の行きついたところだった。

(『論註』の言葉として)

易行道というのは、つまり、ただ仏を信ずるというそれだけの因縁をもって、浄土に生れたいと願うと、仏の本願の力に乗せて、たやすくかの浄土に生れることを得させるものである。仏の力に持ちこたえられてただちに大乗の正定聚の位に入らせるものである。この正定聚というのはすなわち阿毗跋致という不退の位である。これは、たとえていえば水路を船に乗って行くのは楽しいようなものである。(『教行信証』行巻二〇)〔私訳〕

これによって易行の意味はやさしく行いやすいため、凡夫にもできるものという理解の仕方から、ひたすらな〈信〉という意味に移される。もはやそれ以外に天親のいう願生も、浄土への往生も可能でない唯一真実の道という意味におきかえられた。易行がもっとも至難の道だ。なんとなれば人間は〈信〉よりさきに、すぐにすこしでも善い行いをと思い立ったりするからだ。この思いは、すこしでも楽な姿勢をという思いとおなじように、人間につきものの考え方である。親鸞は〈信〉がないところで、易しい行いにしたがうことが、どんなに難しいかを洞察したはじめての思想家であった。易しい行い、楽な姿勢が容易だというのはつまらぬ思想にしかすぎない。

（註）

第十九願

もしわたしが仏になるとき、十方の衆生が菩提心をおこして、さまざまな功徳を修め、真心から誓いをたててわたしの国に生れたいと願ったとしよう。臨終のとき大勢の菩薩たちと一緒に、その人の周りをめぐって、その前に姿をあらわさなければ、わたしは仏にはならない。

第二十願

もしわたしが仏になっても、十方の衆生がわが名号を聞き、念をわが国に繋いで、諸々の徳本を植え、至心に廻向してわが国に生れたいと願ったとしよう。これが果遂しなければ、わたしは仏にはならない。

3

易行他力という考え方を親鸞が徹底化したとき、それが細いひと筋の道で、その意味では難しい道だという意味も徹底化していった。これは願主である浄土の阿弥陀と煩悩具足の凡夫とのあいだの絶対的な距たりが確定されたこととおなじであった。この距たりは、意志してつめ寄ることができないものであり、つめ寄ろうとすればどこまでも遠ざかってしまう。あるいはつめ寄ろうとする意志において遠くなるものであった。それとともに意志よりも、ただ言葉だという問題でもあった。

ここには〈信〉と〈浄土〉とのあいだの新しい関係が想定されなければならない。あるいは浄土の主仏である弥陀、その誓願の摂取力と、それを〈信〉において受容しようとする煩悩具足の凡夫のあいだの、言葉を媒介にした新しい関係が確定されなければならない。そういってもおなじであった。親鸞が浄土教の教理を追いつめていった個処はここであった。もちろん曇鸞いらいの浄土思想家も、わが源信、法然、隆寛、聖覚などもこの所を追いつめていった。そしてほぼある範囲内でおなじ標的にむかって収斂されていった。

ここには、ひとつは教理的な整序の仕方の問題があり、もうひとつは易行他力をどこで積極的な契機としてとらえなおすかの問題があった。これは理路として間違えるわけにもいかず、間違えた分を、一遍などのように実践的ラジカリズムの迫力で補うわけにもいかない。主著『教行信証』で親鸞はその課題に耐えたというべきである。〈信〉はまず浄土の願主と煩悩具足の凡夫との距たりを包摂する概念として存在しなければならなかった。

（善導の『観経疏』「散善義」をあげて）

「深心」というのは、つまりいってみれば深く信ずる心である。これには二種がある。ひとつにははっきりとして深く「じぶんはいま罪深い、生死に迷っている凡夫で、永劫の昔から常に生死の迷いに沈み、常に流転しつづけて、この迷いから脱出する手がかりをもたないものである」と信ずることである。ふたつには「かの阿弥陀仏の四十八願は世の人々を救いとってくださる。疑いもなく、またためらいもなくかの誓願の力に身をまかせれば、かならず浄土に生れることができる」と信ずることである。（『教行信証』信巻一五）〔私訳〕

智昇法師の『集諸経礼懺儀』下巻に云われている。

深心とはすなわち真実の信心である。「じぶんは煩悩にまみれた凡夫であって、善の根機はきわめてすくなく、迷いの世界をさまよって、その境涯から抜けでて行かない」と信じ知ることである。そしていま「阿弥陀仏の広大な本願は、名号を称えて、下はわずか十声称えたり聞いたりするだけに至るまで、かならず浄土に往き生れさせてくれることができる」と信じ知って、一声の称名に至るまで疑いの心をいだかない。だから「深心」と名づける。以上。(『教行信証』行巻八〇)〔私訳〕

〈信〉とは、じぶんが(一般に人間が)罪深く、混迷に苦しみ生死を永久に繰返し、この転生の循環から逃れることはできない存在であることへの〈信〉のことである。もうひとつは阿弥陀仏の四十八願の実現力、煩悩具足の凡夫を摂取する力をひたすら〈信〉じて疑わないことである。

このふたつは〈信〉の構造として切りはなすことはできない。けれどこのふたつは人間の存在と、浄土の主仏とのあいだの絶対的な距たりを、はっきりと意識に繰込むことを意味している。すこしでもこの距たりの絶対性が崩されたとき〈信〉は〈信〉じているじぶんをも繰込んだ〈信〉に変貌してしまうからだ。そのとき失われてしまうものこそ、親鸞によれば珠玉のように大事なものであった。

親鸞は善導の考え方を受け継いでいる。だが親鸞には、浄土の主仏と煩悩具足の凡夫のあいだの絶対的な距たりの自覚を、他力の〈信〉がどう充たしてゆくかについて、独自の構造があらわれる。それは「自然法爾」の理解として展開されたとみられる。

自然というのは、自はおのずからということで、行者のはからいでなくて、そうならせるということばである。然というのは、そうならせるということばで、行者のほうのはからいでなくて、如来のほうの誓いであるがゆえにそういうのである。(『古写書簡』六)〔私訳〕

法爾というのは、この如来の御誓いなるがゆえに、そうならせるのを法爾というのだ。法爾とは、この御誓いであるゆえに、まったく行者のほうのはからいがな

いので、この法の徳によるゆえに、そうならせるというのである。(『古写書簡』六)〔私訳〕

すべて、人のほうからはじめにはからわないのである。このゆえに、他力にあっては義なきを義とする、としるべきである。自然というのは、もとよりひとりでにそうならせるということばである。(『古写書簡』六)〔私訳〕

弥陀仏の御誓いは、もとより行者のほうのはからいではなくして、南無阿弥陀と願をおかけになって仏がひとをむかえようと、はからわせになられたのであって、行者のほうで善いとも、悪いともおもわぬことを、自然とは申すのだと聞いております。(『古写書簡』六)〔私訳〕

誓われた趣旨は、無上仏にならせてあげようと誓いになったのである。無上仏と申すのは、形もなくあられる。形があられないゆえに、自然とはいうのである。形があられるものと示現するときには、無上涅槃とは申さない。形もあられない

態様をしらせようして、はじめて弥陀仏というのだと聞き習っています。(『古写書簡』六)〔私訳〕

高度なことが云われている。浄土の主仏との絶対的な距たりは、ただ「おのずから」ということによってだけ充たされる。人のほうからはじめに計らいをもってはならない。弥陀仏の誓願によっておのずから無上仏にさせられることができる。そして無上仏というのは形もないものであるから〈自然〉というのである、等々。これが親鸞の絶対他力の核心であるといってよかった。

みだ仏は、自然のありようをわからせようとする素材である。この道理を心得たのちには、この自然ということについては、いつもいつも沙汰すべきではないのである。いつもいつも自然をとやかく云っていると、義なきを義とするという趣意は失われて、なお義をあげつらうこととおなじになってしまうだろう。これは仏智というものの不思議なところであるのだ。

八十六歳

善法坊《(舎弟尋有)》僧都御坊、三条富小路の御坊にて、聖人にあいまいらせての聞き書きで、そのとき顕

智がこれを書いたのである。（『古写書簡』六）〔私訳〕

信心さだまったならば、往生ということは弥陀のはからいのままにすることだから、じぶんのほうのはからいであってはならない。悪いときにつけても、いよいよ願力を仰ぎ申し上げれば、自然の理によって、柔和・忍辱のこころもでてくるだろう。すべて万事のことにつけて、往生には、賢いおもいを伴わずに、ただほおけたように弥陀の御恩の深重なことを、普段はおもいだし申すべきである。そうするとひとりでに念仏も口にでて申されるようになります。これが自然です。じぶんのほうではからわないのを、自然と申すのです。これがすなわち、他力であるのです。（『歎異鈔』一六）〔私訳〕

真実に〈信〉をえた人は、仏の大願業力のゆえに、自然に浄土へ往かれる業因にたがわずに、かの仏の業力にひかれるゆえに往きやすく、無上大涅槃にのぼるのにきわまりないと仰せになったのである。それだから自然之所牽と云うのである。他力の至心信楽の業因が自然にひきよせるのである、これを牽というのです。自

然というのは行者のはからいでないということである。〔『尊号真像銘文』広本六〕〔私訳〕

善導における懺悔の自覚は、ここでは無作為の〈自然〉によって中和されている。また他力の意味も親鸞においては、計られない〈信〉というように変貌をうける。それとともに〈信〉の絶対の他在だけではなく〈信〉を〈信〉ずるという陥没もまた萌していているようにみえる。ここでいわば属性をうけてひきのばされる浄土の主仏の摂取力の絶対性と、人々における絶対の他力のあいだの〈信〉の構造が、親鸞における〈自然〉ということの意味であった。ここまできてしまったとき煙霧のあいだに生死の境がみえ、そのふたつは区別することができないところに親鸞は佇っていた。〈知〉が排除をうけるのは〈非知〉からでもあるが、また親鸞のいう〈自然〉からでもある。それは「柔和忍辱」という言葉になったり「かしこきおもひを具せずして」という言葉になったりしている。いずれにしても傍からはどうすることもできない〈信〉の主観的な境位が語られている。けれど親鸞の特徴は主観的な境位もまた、理念の言葉に裏づけられている点にあった。

また、こうも云っている。（『観経疏』「序分義」に）

真実の心がしみとおると、苦しみのこの世を厭い、楽しみの無為をねがって、永く常に変わらない安楽をうることとだろう。ただ、無為の境は軽々しくすぐかなうものではないし、苦悩のこの世はたやすく離れることはできない。金剛の信心をおこさないかぎり、どうして生死の迷いの元を絶つことができよう。もし、親しくいただいた如来の仰せに従わないときは、どうしてこの長いあいだの歎きの世から解放されよう。（『教行信証』信巻五二）〔私訳〕

念仏しても踊躍歓喜の心がわいてこないし、浄土へゆきたい心もおこらないのはどうしたことかと訊ねられて、久遠劫よりこのかた流転した苦悩の旧里は棄て難く、まだ生れない安養の浄土は恋しくないことは、当然で、煩悩がさかんな証拠だから、いよいよ往生は必定とおもうべきだ、とのべた『歎異鈔』の親鸞の原型が記載されている。けれどもまた他力絶対の〈信〉は〈信〉としての先験性のように語られてもいる。これを親鸞は理念の言葉に直したくてさまざま試みている。けれどそれほどうまくいっているとは思われない。

おおよそ、海のように広い大信についてかんがえてみると、それには、身分の上下や、出家、在家のへだてなく、男女、老幼のべつなく、犯した罪の多少ともかかわりなく、修行期間の長短も問題とならない。それは、じぶんがおこなう行でもないし、じぶんがおこなう善でもなく、またすばやくさとる教えでもないし、漸次さとりに近づく教えでもない。心静かな観想による定善でも、普通の心で行ずる散善でもなく、正しい観想でも、まちがった観想でもなく、姿・形のあるものを観想するのでも、姿・形のないものを観想するのでもない。平生のきまった作法によるものでも、臨終の作法によるものでもなく、数多く念仏するのでも、一遍とかぎった念仏でもない。それはただ、思惟を超えた、口にも文字にもあらわせない信楽なのである。たとえば、不死の薬がよく一切の毒を消すように、如来の誓願の薬はよく智者や愚者の毒を消すのである。(『教行信証』信巻五五)〔私訳〕

「思惟を超えた」とか「口にも文字にもあらわせない信楽」とかいっているものが親

鸞にとらえられた絶対他力の〈信〉の在り方をさしている。それは体験的な識知だといっているにちがいないのだが、そういってしまえば親鸞の趣意とはちがってしまう。すこしでも獲得の自覚が生じたらそこに計らいの気配が滲入してくるからだ。わたしたちは浄土という概念は〈信〉がつくり出した幻想だとかんがえたくなるのだが、親鸞の教義的な理解では弥陀の誓願の力が浄土をつくり出していて、人間はただ〈信〉においてそこへ往き生れる軌道にのるだけだとされている。

口にも文字にもあらわせないような、思惟を超えた信楽、そこに具象化される〈真実〉と〈虚偽〉との距たり、あるいは如来と人間とのあいだの距たり、それを一歩でも縮めようとする所業は「横出」であり、他力のなかの自力であった。だがこの絶対的な距たりの自覚において一挙に跳び超される〈信〉楽の在り方こそが「横超」と呼ばれた。絶対的な距たりを縮めようとする行為は、遠まわりの善であるという逆説の完成こそが親鸞の教理的な精髄であった。

すこしでも善の方へという志向性は善への接近を意味しない。むしろ絶対的な距たりを知ることは、その距たりを一挙に跳び超えるものである。

この「横超」という概念は、漸次的な歩みの果てに到達があり、到達の果てに安楽の浄土があるというイメージを、まったく組みかえるものであった。また生の歩みの果てに死があり、死の奥のほうに無があるという観念のイメージをも組みかえるものであった。ただ漸次的な進行という概念を否定するだけなら超越であればよい。あるいは跳躍であればよい。進行という概念もまた否定をうけなければならない。親鸞はただ充溢するもの、びまんするもの、滲みとおるものの概念が、いわば絶対的な距たりを跳躍するイメージを「横超」という概念にあてているようにみえる。

また横についても二種ある。ひとつには横超、ふたつには横出である。横に進んで行くもの（横出）とは、正行と雑行、定善と散善などにあたり、他力のなかの自力の菩提心である。また横に跳び超えるもの（横超）とは、これこそ如来の誓いの力によって恵みとして与えられた信楽であって、これを仏になろうと願う心（願作仏心）という。この仏になろうと願う心は、すなわち横に跳び超える、大きな菩提心である。これを「横超の金剛心」と名づけるのである。（『教行信証』信巻五六）〔私訳〕

「横に跳び超える」とは、すなわち本願が成就された絶対にひとつの真実の、完全円満な真の教えであって、つまり真宗である。またさらに「横に進んで行く」があるが、これはすなわち、浄土に生れる上・中・下三種類の人たち（三輩）、あるいは九段階の人たち（九品）、または心静かな観想（定）や普通の心で行ずる善（散）にはげむ人たちに応じた教えであって、仮りの浄土である化土や懈慢界に生れる、遠まわりの善である。本願によって成就された清浄真実の浄土では、生れる人の種類や段階の差はいわない。わずか一念するあいだの瞬時に、速やかにはやく最上の真のさとりを得る。だから、「横超」というのである。（『教行信証』信巻八二）〔私訳〕

はっきりとわかった。すなわち、弥勒菩薩は仏につぐ位（等覚）にあって、その金剛心をきわめた方であるから、竜華樹のもとで、三回の説法をおこなわれるとき、きっと最高の仏のさとりの位を極められるはずである。そして念仏の衆生は横超の金剛心をきわめるから、命の終る瞬間の一念に、大きな仏のさとりを得るのである。だから「たやすく弥勒とおなじ位になる（便同）」というのである。

そればかりではなく、金剛心を獲《う》る人は、うるそのとき、韋提《いだい》夫人とおなじように、喜びとさとりと信心の三つの忍を獲ることができる。これこそは、すなわち如来から浄土に生れるために恵み施された真心がすみずみまで行きわたったからであり、また不可思議の如来の本願の誓いによって与えられたからである。(『教行信証』信巻一一二)〔私訳〕

4

すでに親鸞は〈自然〉の思想をじぶんの言葉で語ったとき、浄土の概念について本質的に語っている。浄土は光明にあふれた荘厳な国土であり、阿弥陀仏はその国土を宰領する人間のような姿をとった仏であるといった比喩的な形像をもちいてはいない。大乗教のいう浄土は実体化されるものではなかった。浄土は滅度であり、死であり、無であるものであり、そこから還ってくるとは再生であるとしても、その再生もまた実体化されない。それならば浄土へ往くとか浄土から還るという言葉によって比喩されるものは、現世における心的な境位にほかならないのか。それは思い込むことにあるのか。ここに浄土とはなにかの核心の問題があった。

親鸞まできて浄土教がまったく否定しつくしたのは、金色の光明にかがやき、花の香りと、壮麗な宮殿と、色彩にみちた天親が『浄土論』で描いたような浄土のイメージの実体化であった。つまり観想により心的に具現される知覚体験としての浄土という要素は拒否された。死の闇のむこうの死後に、存在する実体的な浄土の概念も、もちろん比喩として以外に拒否されている。けれど人々の〈信〉の問題はまたべつにあった。実体としての死後の浄土という概念は人々の耳目に入りやすく、受け入れられやすい。けれども本来〈無〉、〈寂滅〉、〈虚空〉、〈涅槃〉、〈安楽〉など、輪廻や転生を切断するものとしての、このような概念によってしか浄土は指示されない。これらの錯綜する問題が浄土教の心臓の在り処であった。

人間が繰返し生死を重ね、転生するのは罪をもつからであり、汚れた煩悩に支配されているからである。もしこれらの罪や煩悩を断ちきることができれば、生死の繰返しを離脱することができる。けれどもまたいうべきである。このように繰返される転生輪廻はこれを実体化することはできない。またこのようにして生死を重ねる人間の在り方も実体化することはできない。人間という概念が成り立つとすれば別のところにあるはずだ。人間は〈さとり〉と呼ばれる状態において、はじめて実体化することができる。人間が〈さとり〉という状態に到達したとき、かれは浄土に存在しているとみなすことができる。

〈さとり〉の状態または、浄土と呼ばれる在り方は、親鸞が大乗教理そのものに完全に同化してみせた唯一の個処であった。主として親鸞は『涅槃経』に依存して、「浄土」あるいは〈さとり〉の状態を祖述した。

『涅槃経』に云われている。

「また、さとり（解脱）は、色も形もないもの（虚無）と名づけられる。色も形もないものは、すなわちさとりであり、さとりはすなわち如来である。如来はすなわち色も形もないもの、一切の行為を離れて作為されたものである。中略。真のさとり（解脱）は、生ずるものでもなく滅するものでもない。それだから、さとりはすなわち如来である。如来もまた同様であり、生ずるものでも滅するものでもなく、老いも死にもしないし、破れも壊れもしないものであり、因縁によってつくられた、生滅変化する有為の法ではない。このような意味があるから、『如来は大涅槃に入る』といわれる。中略。また、さとり（解脱）はこの上もないもののなかの最上（無上上）に名づけられる。中略。この上もないものの最上とは真のさとり（解脱）であり、真のさとりは如来である。中略。真のさとりを得てしまえば、愛欲も疑いもない。愛欲も疑いもないものは、すなわち真のさとり（解脱）であり、真のさとりはすなわち如来である。中略。如来はすなわち涅槃であり、涅槃はすなわち尽きることのないものであり、尽きることのないものはすなわち仏性であり、仏性はすなわち定まって動かないもの（決定）であり、定まって動かないものはすなわち最高至上のさとりである。」（『教行信証』真仏土巻一〇）〔私訳〕

（光明寺の善導和尚は『観経疏』「玄義分」に『大品般若経』の「涅槃非化品」を引用している）

「仏は須菩提に告げて『まったく、そのとおりである。すべてのものは平等であって、声聞が作ったものではなく、ないし、本性が空だから、すなわち仏のさとり（涅槃）である。もし新たに菩提心をおこした菩薩が、「すべてのものはみな結局はその本性が空であって、ないし、仏のさとりである涅槃もまたみな仮りのものとおなじである」と聞くならば、心は驚き怖れることだろう。こうした新たに菩提心をおこした菩薩のために、故意に「生滅するものは仮りのものとおなじで、生滅しないものは仮りのものとおなじではない」とこう理解したものにほかならない』とおっしゃった。」

いますでに、この尊い教えによって「阿弥陀仏がたしかに報身である」ことをはっきり知ることができた。たとえ後に涅槃に入られるとしても、報身であるという意味にはさまたげにならないだろう。智慧のある人たちは、こういうことを知るにちがいない。（『教行信証』真仏土巻三二）〔私訳〕

大乗教もまたすべての宗教的なものとおなじように祖述の系譜だ。この祖述において瞬時に露出する受容の仕方の特徴に、教理の移動を知るほかない。生滅するものも生滅しないものも、一切が〈空〉であるということならば、一切は〈空〉であることと、〈空〉でないということのあいだに、人間は挿入される。わたしたちが現在大乗の教理とみなしているもの、また教理として受けとるならばそこに受けとるほかないものは、大乗教にとっては、すべて方便としての解釈にすぎないかもしれなかった。

一切は〈空〉であるといえばすむものを、浄土といったり仏の〈さとり〉といったりして執着した。

これら真の浄土とみなされたものは現在の概念からいえば、死滅そのものの内在化にもっとも近い比喩とみなすことができる。無機的自然に帰する死滅は、願望ではなく、はじめに超えるべき恐怖の予望であった。これは転生の観念が流布されて共同体を充たしていることと矛盾するものではなかった。だがここでは真実の仏土、つまり浄土の本質規定となっている。教理はそのことを明らかにしなければならない。内観と内省によって死滅の状態を体認すること。だがただ一切が〈無〉であり〈空〉であるという概念が、ただ真であるというところに浄土教理はなかった。〈生〉〈死〉〈苦〉〈老〉のような生存の状態や、善悪の倫理や、現世的な条件の迷路を、すべてくぐったのちに到達される〈無〉や〈空〉の概念だけが重要なものとされた。

この問題は浄土へ往くということはなにを意味するのか、浄土とはなにを意味するのかということとからめて、教理上のおおきな課題となってあらわれた。

怖れることなく云ってしまえば、光かがやく涅槃のさとりの場所も、さとりの仏性も、すべて空無であるし、またその場所に到達しなくても空無である。それにもかかわらず「たとえ我れ仏を得んに（設我得仏）」という阿弥陀仏の本願の誓約がすでに設定されてしまったならば、浄土もまたその設定の表現として出現せずにはすまされない。すると人々は浄土が何であるかを正確に把握できるかどうかにかかわりなく、浄土を願うことをやめないだろう。浄土が死後の清浄の世界だと思い込んでいるものは、死後にそこへ往き生れたいと思うだろうし、浄土が現世のなかに描かれる理想の世界とかんがえるものは、生存のなかでそれを獲得したいと思うだろう。また浄土が生きながら死の状態で無一物で独在するときに出現する世界だと思うものは、その状態を実現させるためにわが生存の状態を無一物の孤独にもってゆこうと努めるだろう。そうだとすれば浄土は仮りの状態においてであろうと、その在り方を確定してみせなければならない。そこへ接近するために〈信〉が必要ならば〈信〉の性格もはっきりさせなくてはならない。

親鸞は先達たちへの依存からしだいに離れて、教理上の決定をすすめることになっていった。第十八願を深く信じて、それを絶対的な頼みとする念仏称名という概念に達したとき、正定聚の数に入ると曇鸞の『浄土論註』に説かれている。正定聚とは、それならば何か、現世の生のうちに具現されると解すべきなのか、浄土において実現されるとみなすべきなのか。それは仏のさとりの世界にたいしてどう位置づけられるべきなのか。

問い。大乗の経論のなかに、処々に「衆生は結局は、生きているのでも無いものでもなく、虚空のようなものである」と説かれている。どうして、天親菩薩は、「願わくは、生れん」というのか。

答え。「衆生は生きているのでも無いものでもなく、虚空のようなものである」と説くのには、二種類の意味がある。ひとつには、凡夫がいう実体としての衆生というような、あるいは、凡夫がみるところの実体としての生や死のような、こうした考えによるものが、結局は、亀の毛のように、虚空のように、実在しないだろうということである。ふたつには、つまり、すべてのものは因縁によって生じたのだから、すなわち生じたのではなく、虚空のように、存在しないということである。天親菩薩が生れたいと願ったのは、この因縁によってという意味である。こうした因縁の意味であるから、仮りに「生れる」という表現をつかったものである。凡夫が、実体としての衆生や、実体としての生や死があると云ってい

るのとはちがう。〔『教行信証』行巻二一〕〔私訳〕

ところが、煩悩に染まりきった、生死を重ねる罪に汚れた凡夫も、如来からさし向けられた浄土に往き生れるために与えられた（往相廻向）信心と念仏とを獲るときは、即座に、さとりを約束された大乗の正定聚に数えられる。そして正定聚の位置に住まうから、かならず仏のさとりに至る（必至滅度）。かならず仏のさとりに至るということは、すなわち永遠の安楽であり、また永遠の安楽は、すなわち究極のさとり（寂滅）であり、このさとりは、すなわちこの上もない仏のさとり（涅槃）であり、この上もない仏のさとりは、すなわち色も形もない法身であり、この無為の法身は、すなわちもののありのままの真実の姿（実相）であり、これはいわば法性といわれ、真如といわれ、また一如といわれるものである。だから、阿弥陀如来はこの一如より姿を現わして、報身とも応身とも化身とも、さまざまな姿をお示しになったのである。〔『教行信証』証巻三〕〔私訳〕

この浄土教の本願とする浄土へ生れたいとする願い、その〈さとり〉の状態は、つぎのような意味をもっている。

云われていることは浄土へ生れたい信心と念仏によって、

(〇)生死を重ねる罪の状態は〈切断〉され、

㈠即座に〈さとり〉を約束された正定聚の状態につく。

㈡そしてこの正定聚は〈さとり〉を得た仏ではないが、仏の〈さとり〉をかならず約束された状態である。

㈢〈さとり〉とは永遠の安楽であり、寂滅や涅槃のことであり、あらゆる計らいを超えた、色も形もない法身であり、これはありのままの真実の姿で、真如とか一如とか呼ばれるものである。

㈣阿弥陀如来は、この一如から姿を現わして、報身、応身、化身などのさまざまな姿を示されるものである。

これが浄土へ生れるということの意味であり、往相の過程の実体であった。親鸞は大乗的な〈さとり〉の状態の本質を語るとき主として『涅槃経』の立場によった。浄土に報、応自在の世界、色や形のような知覚的体験によって表出されることのない無機的空無の世界であることの意味を、避けて語っても仕方がなかった。人間はたれももう二度と生れてくるのはたくさんだとおもいながら死ぬのかどうかはわからない。けれど浄土あるいは〈さとり〉の状態に入りたいという「願生」によって、未開的な輪廻転生の生死観は〈切断〉をうけた。

もうそこからは煩悩にさいなまれた生死を繰返す必要はない。またもう〈さとり〉と浄土を約束された正定聚の瞬刻から往路は保証される。これを天親は『浄土論』のなかで「願生」といったのはなぜか。もちろんこのばあいの「生」というのは人間を現世にあることの存在とかんがえ、人間の生や死を現世であるそのものとかんがえる意味でいわれているのではない。また万物とおなじく、人間は形成によって生じたものので、存在がはじめにあったのではないから、もともと存在していない本質をもっている。そこでは人間は不生であり不死である。けれど仮りに形成力によって生じた、その本質的な生じ方の意味で「願生」といったのである。これが『安楽集』の道綽の解釈であり、親鸞はそれを祖述した。いわばこのばあいの「生」は本質的な〈空無〉の比喩であるといっている。けれども天親のいう「願生」あるいは浄土教のいう浄土に生れたいという願望における「願生」は、〈切断〉の仕方を指しているようにみえる。〈浄土へ生れたいと願う〉そういう仕方で、輪廻転生観を〈切断〉して、恒久的な涅槃に安息したいということを意味していた。
天親の『浄土論』は浄土に生れたいと信じ、廻向して浄土へ往く過程と、そこを出て現世に還ってくる過程を、あわせて五つの段階にわけてみせた。(『浄土論』第十章「利行満足」)
五種の門とは、
一つには近《ごん》門
二つには大会衆門
三つには宅門
四つには屋門
五つには園林遊戯地門
である。親鸞の『教行信証』はつぎのように記載している。
『論』に、「この五種の門の初めの四種の門は、浄土に入る功徳を完成されたことをいい、第五の門は浄土を出る功徳を完成されたことである」と云われた。
この浄土に入る功徳と出る功徳とは、つまりどのようなことなのか。『論』にこ

れを解釈して、

「入の第一門というのは、阿弥陀仏を礼拝することによってかの国に生れようとなさるから、かの安楽世界に生れることができるもので、これを第一門と名づける」と云っている。仏を礼拝して仏の国に生れたいと願うのが、最初の功徳の姿である。

「入の第二門というのは、阿弥陀仏を讃歎し、その名号とその意味合いにかなうように如来の名号を称えて、如来の智慧をあらわす光によって修行されたから、大会衆の人たちのなかに入ることができるもので、これを入の第二門と名づける」と云われた。如来の名号とその意味合いによって讃歎するもので、これが第二の功徳の姿である。

「入の第三門というのは、一心にもっぱら念仏し、誓いを立てて、かの浄土に生れて、心静かに精神を統一し、静かな三昧の行を修めようと願をおこすから、蓮華蔵世界に入ることができるもので、これを入の第三門と名づける」と云われた。心静かな精神統一を修めようとするから、一心にかの国に生れたいと願うもので、これが第三門の功徳の姿である。

「入の第四門というのは、かの浄土の美しい荘厳を一心に念じ、観察し、正しい智慧をはたらかせることに努めるから、浄土に至ることができ、さまざまな教えの味わいを楽しまれるもので、これを入の第四門と名づける」と云われた。「さまざまな教えの味わいを楽しむ」というのは、正しい智慧をはたらかせて観察することのなかには「仏の国の清らかさ」を観察して味わえるものや、衆生を救いとる大乗を観察する味わいとか、仏の真実の力によってついには支えられる、その功徳を観察して得る味わい、衆生の種類に応じてこれに恵みを与え、仏の国を出現させて、衆生を導くことを観察する味わいなどが具わっていることをいう。こうした、量りしれないほど美しく飾られた仏のさとりが味わえるから、「さまざまな」と云われたのである。これが第四の功徳の姿である。

「出の第五門というのは、広大な慈悲によって、すべての苦悩する衆生を観察して、それぞれに応じた仮りの姿を現わし、生死の迷いの庭や煩悩の林の中にふたたびもどって来て、不思議な力によってここに遊びたわむれ、教え導く境位に入る。これは、仏の本願の力によって与えられたものであるから、これを出の第五門と名づける」と云われた。「それぞれに応じた仮りの姿を現わす」というのは、

『法華経』の「普門品」に説く、さまざまに身をかえて現われる、そのたぐいである。遊びたわむれることにはふたつの意味がある。ひとつには、自在という意味である。菩薩が衆生を救うことは、たとえば獅子が鹿をうつようなものだ。なんの造作もないといったことは、あたかも遊びたわむれるのに似ている。ふたつには、救っても、救われるものはないという意味である。菩薩は衆生の姿を観察して、衆生は究極においてそれとしてあるものではないと見るから、量りしれない多くの衆生を救っても、実はひとりの衆生もさとりを得るものはないのである。こうした形において、衆生を救う姿を示すことは、あたかも遊びたわむれるのに似ている。(『教行信証』証巻一九)〔私訳〕

わたしたちは出第五門の「遊びたわむれる」(遊戯《ゆげ》)という概念の底にひそむ無機的な空無に惹かれるといっていい。わたしたちは自由や自在という概念のなかにいるとき自己解放であるか、障害のなさであるかの何れかである。けれど「出」(還相)にあるときに自由や自在の意味は、別の視野にさらされる。それはひと口にいってわたしに視えているところのものが、他者に客観的に、決して視えないのに、わたしがそれを言葉にすることができない状態とでもいうべきものである。そのときにわたしたちは「遊びたわむれる」（遊戯）という状態にある。これは別の云い方をすることができる。客観的な自然の事物が、わたしにだけ視えるところの視野のもとに観察される状態というように。

これらの五つの段階はどういう意味をもつものであるのか。

これを観想の心的な喚起力による想像的な形態の実現される姿としてみようとするとき、じぶんを動物に擬して内視される世界、植物に擬入して内視される世界、無機物に擬入して内視される世界を、あたかもありうるもののように想像的に体感するときに描かれる世界になぞらえられる。そしてこのような想像的な体験知覚の世界から自己にかえる姿が出の第五門のように比喩される。人間の無意識を構成するものを、人間以前にまで拡大したと仮定するとき、わたしたちは動物的な知覚体験も植物的な知覚体験も、そしてもしかすると無機的な知覚体験をも無意識が内蔵しているという比喩を想定することができる。この比喩の順次的な遊行を「五念門」になぞらえるとき、わたしたちは浄土への往く道とそこから還る道の心的な解釈に出会っている。

こういう比喩は、天親の往相と還相の過程を貧しくしてしまうことは確かである。

けれど現代的な類推の原型としては、もっともそれに近似的な像を描くことができるようにみえる。

もうひとつはこれを体験の反省的な深まりの過程としてなぞらえることである。わたしたちが事象を体験するとき、体験の事実性を排去してみると、その体験的な意識は『浄土論』があげている入の四門と出の一門に近似的になぞらえられる。はじめに体験の遭遇の意識があり(第一門)、体験の意識の拡大があり(第二門)、体験の余裕の意識があり(第三門)、余裕が戯れの領域に入り(第四門)、これらの体験的な意識が、経験的意識の一般性、普遍性となる(第五門)ことによって、他者をひき入れ共有することができるようになる。このような体験的な意識の変遷の過程が、浄土への往相と、浄土からの還相の過程に移し入れられたときに、また『浄土論』の五門の概念を近似的に描くことができるのではないか。

けれども、もとより浄土教理は、想像的な移入の意識でもなければ、体験的な過程の意識でもなかった。それは、人間は共同体のなかで繰返し生と死を転じなければならないという意識から、この繰返しという過程をいかにして離脱することができるかという課題を解決するところに眼目があった。貧困、種姓、氏族的な共同体の自閉性、これらの生存を苦とするもののなかで、どうして、無限に繰返される生存の苦というアジア的な生死観を超えようとするかに課題はあった。

輪廻転生が信じられている原古的な共同体では、個体は死ぬことができない。その絶息と死は、すぐにおなじ種姓のおなじ氏族的共同体の死者の霊が転入し、その転入した霊の名前を生れてくる嬰児につけることで、その死は補充される。このようにして人間は個体として死ぬことはできないで、繰返し転生される。この概念は地上のどこでも人間が原始を離脱するころには桎梏となって人々を苦しめたのである。仏教はもとより輪廻転生の生死観にたいしてアジア的な救済の方法のひとつにほかならなかった。これは生死の繰返される転生を、悪あるいは罪の結果とみなし、この転生に終止符をうつことを救済とするという価値観の転倒によって基本的には解決されたのである。

浄土教理といえどもこの仏教的な課題の外に出るものではなかった。親鸞は主として『涅槃経』によって真の浄土とみなされるものの本質を描いてみせた。これは親鸞がほとんど完全に、大乗教が描いた生死の輪廻の繰返される苦痛にたいする解釈の方法に依拠したことを意味した。現世的な生と死を仮象とみなし、不生不滅を実象とみなすこと、この大乗教的な基本理念にたいして、浄土教理はじぶんの独自性を確立すればよかった。親鸞は『涅槃経』の生死観を本質的に採用しながら、それへの浄土門的な接近の仕方を求めたといっていい。

5

親鸞の存命中に、弟子たちのあいだで問題になった純粋に教理上の疑義は〈信〉が決定したときに得られるとされる「正定聚」の位置づけであった。純粋に理論上の疑義だから、どうやったら揺ぎない〈信〉が獲得できるかとか、称名念仏してもすこしも歓喜の心もおこらないし、急いで浄土へゆきたい気にもなれないのはどうしたことか、といった実践上の問題ともちがっていた。弥陀仏の本願の摂取力の絶対性を頼み、称名念仏を至心に信楽するようになったとき「正定聚」になるとか、この位は弥勒に次ぐとか、すぐに〈さとり〉を得て浄土に往生できる位置だとか記されているが、これはなにを意味し、どう位置づけられるべきかということは、浄土門の外側からはそれほど重大なはずがなかった。だが浄土教の教理のうえでは死活問題だったのである。「正定聚」を正当に位置づけうるかどうかは、浄土をどう理解するかと密に結びついた教理上の要めをなす試金石であった。「正定聚」の位置づけを誤れば称名念仏をただひとつ至上の撰択された行として、一挙に浄土に横超できると説く親鸞の教義は無意味化されることがありうる。また逆に形骸と化してただ念仏すれば〈さとり〉と〈さとり〉の浄土にたれでも到達できるのなら、口称三寸を繁茂させることにもなりうる。教理とはいずれにせよ外部からはとるにたりないことで、内部にとって死活問題であるような矛盾そのものを指している。一遍ならばそんなことはどうでもいいことだったにちがいない。親鸞の特徴は、〈信〉の実践では〈非知〉に徹しながら、その〈非知〉の根拠を凝視するのに徹底的に理路にしたがった点にあった。

親鸞は浄土教の教理的な課題をけっして放棄しなかった。その意味では天親からはじまり、源信、源空（法然）に流れこんでくる浄土教の系譜の集大成者として位置している。この系譜が、大乗教における浄土教理の唯一の系譜であるかどうか、確かめるだけの知識がないが、その大きな流れであることは云えよう。親鸞は主著『教行信証』であきらかにそのように振舞っている。もちろん親鸞は教理家としてだけ振舞ったのではない。むしろ浄土教理の集大成者としての自己を生涯秘匿しつづけた。すくなくとも親鸞の存命中にかれが世界の浄土教理の集大成者であることを、身辺のものをのぞいてたれも知らなかったといって過言ではない。親鸞は徹頭徹尾、坂東の地に布教する一介の地方的な念仏者という以外には振舞わなかった。まして非僧非俗の境涯を貫いたために、いわゆる中世の僧侶世界からは、ほとんど圏外にあったといってよい。教理的な課題のなかに実践的な課題を心情的な形でもちこまないこと、また実践的な思想の課題を解くのに教理上の理路で済ますようなことをしないこと。ここに親鸞の本質があったといってよかった。かれは念仏者として法然、聖覚、隆寛の祖述者、註解者として以上の振舞いをしなかった。わずかにその思想的な片鱗をのぞかせたのは、『歎異鈔』のような弟子の聞き書と書簡においてだけだといってよい。

愚禿親鸞の『正信偈』に云われているように「本願名号正定業」というのは阿弥陀仏の撰択された本願の行のことであり、「至心信楽願為因」というのは、弥陀如来が廻向された真実の信心をさとりに至る願い（阿耨菩提）の要因とすべきであるということである。「成等覚証大涅槃」というのは、このうち成等覚というのは正定聚の位のことであり、この位を龍樹菩薩は「即時入必定」とおっしゃっている。曇鸞和尚は「入正定聚之数」と教えておられる。これはすなわち弥勒の

位とひとしいということである。（『尊号真像銘文』略本一三）〔私訳〕

『大経』の記している弥陀第十八願「設ひ我仏を得んに、十方の衆生、至心に信楽して我が国に生れんと欲し、乃至十念せん。若し生れずば、正覚を取らじ。唯五逆と正法を誹謗せんとをば除かん」を〈信〉の眼目とみなすとき、この願を信じ念仏するものは浄土においてすぐに仏になるのか、それともそうでないのか、また信じた時にそれが即座に充たされるのか、死後の浄土において充たされるのか。等覚を成就するとか弥勒にひとしいとかいうのはどういうことか。これを明示することは教理的には重要であった。これは道綽、善導いらいの教理の解釈を受容して再現する課題であるとともに、明確に浄土の概念を位置づけ、整序する課題でもあった。

「乃至十念」というのは、如来が、誓願である名号を称えることをおすすめになるのに、遍数にきまりがないことをあらわし、またいつどこで称えるのかといった時節にきまりがあるわけでないことを衆生にしらせようとお思いになって、乃至という御言葉を十念の御名にそえてお誓いになったのである。如来から御誓願をいただいたことについては、常日頃の時節を大切にして、臨終のときの称名念仏を頼みにしてはならない。ただ如来の至上の真実の心でする信楽をふかく頼みとすべきである。この真実の信心をえたとき、如来の摂取不捨のお心の光のなかに入るのだから、正定聚の位に決定されるのだとおもえるのだ。（『尊号真像銘文』広本二）〔私訳〕

至心に信楽して、念仏を称えるという状態にはいったとき、弥陀の摂取不捨の願力の圏内に入る。そのとき往生決定の正定聚のうちにかぞえられるから、平常のときに決定すべきで臨終の念仏称名をまつべきではない。ただ至心をつくして浄土を頼むべきであるといわれている。このように真実の信心が得られたときに、すなわち正定聚の境位が得られる。

この考え方は、浄土が死の彼方にあるものでもなく、正定聚になることにおいて即時に見透された世界、願力がつくり出す世界としてみえる場所でありうるという問題を導入することになる。このいい方が、一種の主観の実体化に類するとすれば、すくなくとも信心が決定して正定聚の境位が得られたとき、浄土の〈さとり〉は、すぐに見透されるところに佇ったということができるとされた。では「正定聚」ということと仏の〈さとり〉、浄土に住持することとは、べつのことなのか、それともおなじことを表現しているのか。

この法蔵菩薩と釈迦の二人の尊者の御法をよくみてみると、「すなわち往生す」（即往生）とおっしゃるのは正定聚の位に定まることを不退転に住するとおっしゃっているのである。この位に定まるとかならずもっともすぐれたさとりである無上大涅槃にいたるはずの身となるがゆえに、等正覚になるとも説き、……（『一念多念文意』四）〔私訳〕

そうであるから念仏者をば、『大経』には、「次如《しにょ》弥勒」とお説きになっている。弥勒は自力である竪の金剛心をもった菩薩である。竪というのは竪ざまという言葉である。これは聖道自力の難行道の人をさすものである。（『一念多念文意』四）〔私訳〕

「次如弥勒」と申すのは「次《し》」は近いという、つぎにということである。近しというのは、「弥勒」は仏のさとりである大涅槃にいたりたまうべき人である。こういうことだから弥勒のごとしとおっしゃっている。念仏信心の人も、仏のさとりである大涅槃に近づくということである。つぎにというのは、釈迦仏のつぎに、五十六億七千万歳をへて、妙覚の位にいたりたまうべしということである。「如」はごとしという。ごとしというのは、他力信楽の人は、この世に在るうちに不退の位にのぼって、かならず大般涅槃のさとりをひらくだろうことが、弥勒のごとしということである。(『一念多念文意』四)〔私訳〕

また王日休(南宋の人、『龍舒浄土文』十巻の著者)が云うのに「念仏衆生、便同弥勒」といっている。(『一念多念文意』六)〔私訳〕

これを東宮の位にいる人は、かならず王の位につくように、正定聚の位につくのは東宮の位のようなものだ。王にのぼるのは即位という。これはすなわち無上大涅槃のさとりにいたることをいうのである。(『一念多念文意』一二)〔私訳〕

等正覚はすなわち正定聚の位のことである。等正覚と申すのは、補処の弥勒菩薩とおなじであらしめようとお誓いになったということである。(『如来二種廻向文』)

一二〔私訳〕

これらで親鸞がはじめて明確にしたのは、念仏信心の人は、「竪の金剛心の菩薩」である弥勒とおなじ菩薩になる。ただ弥勒とちがうのは〈横超〉によって一挙に得られる菩薩の数である。またそれは「このよのうちに不退のくらゐ」にのぼることを意味している。そしてこの「くらゐ」はかならず「大涅槃のさとり」にいたることが必至である位置を意味している、などのことであった。

さらに比喩は具象的で王の位を浄土である無上大涅槃とすれば、正定聚は、やがて即位する皇太子のようなものだと親鸞は規定した。たぶんここまでくれば念仏者のあいだの「正定聚」にたいする疑義への応えとしては終りであった。終らないことがあるとすれば、信心もきまり念仏称名するのに、いっこうに「正定聚」になった気分もえられなければ、無上大涅槃への不退の切符を手に入れたという感じもわかない。どんな歓喜もやってこないのはどうしたことか、という自他をともに訪れる実感的な疑義であったろう。この疑義の実感こそが人間であるというためには、〈信〉自体を解任しなければならない。親鸞がやったことは、教理上は一見するとまったく反対に敬虔な手つきで弥陀仏の浄土への摂取力を絶対化することであった。そしてこの絶対化は〈信〉を無限の遠方に遠ざけることとほとんど同義なところに達していた。そのうつらうつらした境界を〈自然〉と名づけたといってもよい。

それとともに親鸞は、浄土門の同行者たちのあいだで信心を至心に得たものは、如来にひとしいのだというように流布されている見解を「自力」だとして卻けた。なぜならば「正定聚」はかならず涅槃のさとりたる如来にいたる不退の位置にちがいないが、如来にひとしいのではない。命終のときに浄土へいたれば、無量の寿命を得て如来の心光につつまれたその「一味」になると解すべきだ、このことをも明確化した。いいうべくんば親鸞は、「正定聚」の位置を現世（「このようのうち」）にひきよせ、かならず大涅槃のさとりである如来にいたるという意味を、死のあと（「此身の終候はねん時」）にひきよせた。そこにおいて「正定聚」の意味とその位置づけは明晰であった。もはや教理的にいえば、真実信心を得て念仏称名をすることは、無効な意味のないことでもなければ、すぐに如来になることでもない。「正定聚」という死して如来にいたる通路と切符を手にうけとることだと定まった。そういってよい。

信心が決定したときに如来とひとしいのだという教義の理解が、法然門の誰によるものかはわからない。親鸞はその理解をとらなかった。この理解をとればじぶんをラジカルに死へ駈りたてる自力の実践を強いることになるだろう。そうでなければ安堵の懈慢がやってくる。

また信心が決定したとき「正定聚」となり、これは弥勒とひとしいという意味を詳細にした。だが弥勒と「正定聚」とはちがうと親鸞はいう。弥勒は自力の菩薩だから、仏の〈さとり〉はおそく、五十六億七千万歳のあとに到達する。だが「正定聚」となった他力の凡夫は、他力なるがゆえに仏の〈さとり〉にいたること迅速で「ちくまく」(竹膜)をへだてるほどなのだ、というように。他力の凡夫が「正定聚」の数に入れば、弥勒とちがって瞬時に迅速に滅度して浄土へいたるという言明は、親鸞の教理を鮮やかにするものであった。

ここでいわれていることは釈迦と阿弥陀とがわれわれ凡夫に無上信心をひらき起させるもので、信心の決定はこの二尊の計らいにほかならないことがいわれている。そこで二尊仏の摂取不捨と信心の決定とはおなじ時であることを意味している。その時のあとは「正定聚」のままでいる。そして臨終のあとは浄土の〈さとり〉が定められている、ということである。

本来、このような「正定聚」をめぐる言説の往還する路が、浄土教の教理的な大世界であるのかどうか知らない。またこれがさも生死の大事のように詳細に規定されてゆくことに〈信〉の世界はあるのかどうか。ここには親鸞が、しだいにわからなくなってゆく人間の生涯というものにたいして佇んで、何ごとかをとりさばいている姿がみられる。理路の正当性を解くことが無意味なことだとおもうまいとしている親鸞の像を描くことができる。ほんとうはどうでもいいことにちがいないのに、人間はどうでもいいことに左右されながら生き死にする存在にすぎない。

「正定聚」について確定すべき教理上の問題は確定したようにみえた。親鸞が危惧したことは、ただひとつ〈信心〉が〈決心〉とか〈信念〉のように「自力」をまじえて解されることだけであった。真実の信心はむこうからやってくるもので、意志して獲取すべきものでもないし、獲得されるはずもない。信心が定まるのは釈迦、阿弥陀の摂取にあずかることとおなじだ。この受動の契機こそ最終の眼目であった。それゆえ信心が定まったときが往生が定まるときであり、臨終をまつこともなければ、来迎を頼むべきこともないとした。

来迎ということは諸行往生の人にある。自力の行者なるがゆえに、臨終ということは諸行往生の人にいうことである。いまだ真実の信心をえないためである。また十悪、五逆の罪人が、はじめて善知識に出あって信心をすすめられるときにいうことである。(『古写書簡』四)〔私訳〕

真実の信心をもった行者は、仏の摂取不捨をうけるゆえに、正定聚の位に、信心が定まったそのとき住むことになる。このゆえに臨終をまつこともないし、来迎を頼むこともない。信心が定まるときに往生は定まるのである。(『古写書簡』四)〔私訳〕

正念というのは、阿弥陀仏の第十八願の根本的な広大な誓願でいう信楽が定まることをいうのである。この信心をうるゆえに、かならず無上涅槃にいたるのである。この信心を一心という、この一心を金剛心という、この金剛心を大菩提心と

いうのである。これすなわち他力の中の他力である。(『古写書簡』四)〔私訳〕

また正念ということについて二種ある。ひとつは定心の行者の正念、ふたつは散心の行者の正念がある。このふたつの正念は他力中の自力の正念である。定散の善は諸行往生の言葉のなかに包括されてしまう。この善は他力の中の自力の善である。この自力の行者は来迎をまたずしては、胎生・辺地・懈慢界までも、生れることはできない。このゆえに、第十九の誓願に、たくさんの善をあげて浄土に廻向して浄土へ往き生れようとねがう人の臨終には、わたしが現じてむかえようとお誓いになったのである。臨終をまつということと、来迎往生を頼むということは、この定心・散心の行者のいうことである。(『古写書簡』四)〔私訳〕

人々の心の奥には浄土は夢のようにかがやいた安楽な場所で、というイメージが抜き難くあり、死後にそこへゆくとたくさんの仏たちが囲んで護ってくれるという想像を想い浮かべたい欲求がある。けれども浄土は涅槃であり、無為であり、〈さとり〉であり寂滅である。この世で信心を決定されたときに「正定聚」に加わり、諸々の仏たちが護ってくれる。かくべつ往生したあとで護ってくれるというのではない。それは無意味な通俗的なイメージなのだ。曇鸞、道綽、善導など浄土教の教理をつくりあげていった四、五世紀の思想家たちから八〇〇年以上も経っている。それでも人々の心に観想的な浄土や仏のイメージが入りやすいとすれば、それは言葉の比喩としてだけの意味に組みかえなくてはならない。

親鸞が、いかに浄土教理の正統な系譜を択りわけ、それを明確化しようとしているか、「正定聚」の位置づけについての執拗な繰返しのなかに知ることができる。「正定聚」は弥陀の本願を至心に信楽して、浄土へゆこうとして、念仏することが決定したときに得られる境位で、弥勒とひとしく、仏となって〈さとり〉を得られることが必定であると保証された位である。けれど仏のさとりそのものではない。それは信心が決定したとき現世において即時に得られるものである。来迎や臨終をまつのは定善・散善の他力のなかの自力の行者についていわれることである。弥勒は自力の菩薩であるが、他力念仏によって得られる正定聚は、他力だから、即座に〈さとり〉へ超出する道に佇っていること。これらを説くことは瑣末な教理上の疑義とその解答のようにみえる。

親鸞はきわめて理論的であり、門外からはささいにおもえるこれらの問題を執拗なまでに繰返し説いた。「正定聚」といういい方と「等正覚」といういい方とはおなじことなのだというのは、たんに註釈にしかすぎない。だが「正定聚」が「次如弥勒」であるとか「便同弥勒」であるとかいうことにこだわるのは、重要な教理上の課題である。この意味を解釈しえなければ、浄土教理は限りなく漂流するだろうからである。まして、「正定聚」がこの世で、信心が決定されたときに得られる境位をさすものかどうかを明示することは浄土教理の本質に属していた。

親鸞の教理的な含蓄の最後の課題はここのところにおかれた。現世の「正定聚」の境位からは〈浄土〉は見透されたところになければならぬ。だが見透されて現世にあるのではない。見透された死のむこうにあるようにみえる。ただ含蓄のなかに存在する。この含蓄は強いて云えば、浄土はこの世に具現されるものでもないし、来世に具現されるものでもないということに帰せられる。けれどもそう口にしたとき、大乗的な教理が人間の生と死に加えた倫理的な停止の規模は、矮小化されてしまう。わたしたちは、まだ言葉をもっていないひとつの過程の生と死のあいだに、親鸞のいう「正定聚」の境位をみている。

〔付記〕本文中に引用した『教行信証』の私訳については、石田瑞麿訳『親鸞』（日本の名著6、中央公論社）を参照した。

永遠と現在——親鸞の語録から

唯円が書きとめた親鸞の語録とも言うべき『歎異鈔』には、「永遠」に朽ちない言葉や永遠についての問答とも言うべきものが残されている。

そして、この「永遠」の意味は永遠についての言葉でもないし、永遠とは何なのかについての言葉でもない。ごく普通の日常にありふれた言葉なのだ。だがたぶん、永遠に保存せずにはおられないと人々に感じさせる言葉だと思える。

親鸞ハ、父母ノ孝養ノタメトテ、一返ニテモ念仏マフシタルコトイマダサフラハズ。ソノユヘハ、一切ノ有情ハミナモテ世々生々ノ父母兄弟ナリ、イヅレモ

〳〵、コノ順次生ニ仏ニナリテタスケサフラウベキナリ。ワガチカラニテハゲム善ニテモサフラハヾコソ、念仏ヲ廻向シテ父母ヲモタスケサフラハメ。タヾ自力ヲステヽ、イソギサトリヲヒラキナバ、六道四生ノアヒダ、イヅレノ業苦ニシヅメリトモ、神通方便ヲモテ、マヅ有縁ヲ度スベキナリ。(『歎異鈔』)

たくさんのことが詰め込まれている。また、なかなかに珍しい問題提起で、その上、珍しい根拠づけだと思える。

じぶんは父母の孝養のために念仏したことはないというのは、『新約聖書』の主人公イエスもほぼおなじ趣旨のことを「わが父とは誰ぞ、わが母とは誰ぞ」というような言い方で述べている。イエスの根拠は、信仰を同じくする者はみな父母兄弟だという信仰の同一性を要めとする考えと、身近な人たちと日常の言葉で日常の親和性を通じさせることができても、神の言葉は、血縁などない人々よりもかえって通じさせることができ難い存在だという認識を語っている。

こういう心理的な洞察を歴史の創生期に持ち得ているのは、西欧思想の特質だと言えよう。『歎異鈔』のなかに親鸞の言葉とされているこれと類似の洞察は、一つには、新約の主人公と同じ優れた宗教者に特有な宗教は肉身の有縁性を超えるという洞察から来ていると思える。

だが、親鸞の言葉にあるもう一つの根拠は、まるで違う宗教理念の背景に依っている。父母と子である自分や兄弟姉妹のあいだは、ただ一世代の差として考えるかぎり、自分たち子の側には高々半分の生の責任（業縁）しかない。

自分たち子の世代には、この世に生まれたいという希望も意志もなかったし、父母への要請によって生まれたのでもない。父母もまた、祖父母に対して自分たちと同じ思いを抱いたに違いない。親と子のかかわりを一世代だけ考えれば、子がこの世に存在したのは子の願望や意志でもなく、親の希望や意志でもない偶然の所産のようにみえても、親と子が順次に交代する連鎖を無限にさかのぼれば、子のこの世への存在のなかに祖先からの血縁の所産でないものは、ひとかけらもないのだということになる。この負い目こそがこの世に存在したこと自体が倫理を生存自体に与える根拠だと言えよう。それと共に「一切ノ有情ハミナモテ世々生々ノ父母兄弟」という親鸞の考え方も、仏教の考え方も成り立つことになる。

この考え方は、明らかに『新約聖書』の主人公の考え方と異なっている。『新約聖書』は、現に目の前にいる父母兄弟は家族の肉身だが、神の信仰とは次元を異にする。もし、父母兄弟を主人公の信仰の次元と同致させたいのなら、父母兄弟のあいだの特有な親和や肉身の倫理を、神の創造したものの系列の内側に取り入れてこなければならない。それによって肉身であるための親和や倫理は捨てられ、神の創りなせるものの倫理に組み替えなければならないはずだ。神と信仰を同じくするものだけが父母兄弟だという以外に、父母兄弟の概念は、存在し得ないこととなる。これが福音書の主人公が言う「わが父母とは誰ぞ、わが兄弟とは誰ぞ」という意味に当っている。たぶんこの肉身との関係や親和の問題と信仰のかかわり方に言及した宗教者は、新約書の主人公と親鸞だけであり、また、ほぼ同じ扱い方の結論に到達しているのも、両者だけと言ってもいいかもしれないが、その理路は遥かに異なっていると思える。

新約書では、「永遠」は神の属性なのだが、親鸞では、父母と子の世代的な歴史の連鎖が無限にさかのぼることと見なしうるものとして、「永遠」が考えられるという意味になる。

オノ〳〵十余ケ国ノサカヒヲコエテ身命ヲカヘリミズシテタヅネキタラシメタ

マフ御《オン》コヽロザシ、ヒトヘニ往生極楽ノミチヲトヒキカンガタメナリ。シカルニ、念仏ヨリホカニ往生ノミチヲモ存知シ、マタ法文等ヲモシリタルラント、コヽロニクヽオボシメシテオハシマシテハンベランハ、オホキナルアヤマリナリ。モシシカラバ、南都北嶺ニモユヽシキ学生タチ、オホク座セラレテサフラウナレバ、カノヒトニモアヒタテマツリテ、往生ノ要ヨク〳〵キカルベキナリ。親鸞ニオキテハ、タヾ念仏シテ弥陀ニタスケラレマヒラスベシト、ヨキヒトノオホセヲカフリテ信ズルホカニ、別ノ子細ナキナリ。

念仏ハマコトニ浄土ニムマルヽタネニテヤハンベラン、マタ地獄ニオツベキ業ニテヤハンベルラン。惣ジテモテ存知セザルナリ。（『歎異鈔』）

衆生は、誰もが父母兄弟の世に続いてゆく連鎖の鎖の一つとして「永遠」に関わり、またそれ自身が「永遠」を作り出すものということができる。父母は念仏者になることで仏になり、子は続いて父母になり、子を産み、その連鎖が「永遠」をつくる。

この理念は仏教者の特性というよりも、親鸞の特異性のようにも思えてくる。「永遠」は、歴史概念というよりも父母兄弟が作り出す肉身の連鎖のことであり、しかもこの肉身の親和が連鎖を作るとき、この肉身は衆生の全てを覆うものに変性される。親鸞の信仰によれば、これが念仏者の本質なのだ。

わたしたち不信の徒は父母兄弟でありうるが、父母として仏になることもできないし、兄弟として衆生の全てを覆う存在にもなれない。しかし、親鸞によれば個々の衆生の一人だとみれば、最も重要な存在なのだ。

ゆるぎない信仰者であった親鸞は、言葉にうらおもてなどなく、真正面から思いのままを語り、唯円が文章として整えたというだけだったかも知れない。だが、不信の徒であるわたしなどが、現在、千年近く後にこの個所を読むと、親鸞が怒気を含んで述べた言葉の要点のように受け取れる。安房、上総、常陸のあたりから、親鸞のいる京都まで当時では想像もできないほど大変な道程だったにちがいない。

お前らは何て馬鹿な奴だ。お寺もいらない、仏像もいらない、修行もいらない、ただ念仏だけ称えればいいとあれほど教えたではないか。知識が欲しいのなら経文を読めばいい。また南都・北嶺には学問知識が唯一の誇りである学僧・高僧がたくさんいるからそこへ行って教えてもらえばいい。そんなことなら、おれは彼等の何倍も勉学につとめた末に知識とか修行とかにそれほど価値がないと知って、山を下りて法然の説くところに従った。

親鸞の言葉の裏側にあるものは、わたしたちのような不信の徒からみれば、もう一つあるように思える。宗教や天職の修行は、じぶんの修行とはまったく関わりがない場所からやってきた「現在」の情況の激動から、根底的に転倒させられることがある。そのときは、何はともあれ情況の方がじぶんの修行より重たいと感じられているのだ。

たぶん、南都・北嶺の高僧たちと法然や親鸞との違いはそこにあった。これは、僧侶たちが政治や社会の動きに敏感だったか、自己の修行や学問に専念してほかのことが思量のゆとりをもてなかったかの違いではない。また「祖仏共ニ殺ス」という徹底した修行の理念を持ち得たかどうかの問題でもない。僧侶自身の精神のなかに、歴史と現在、永遠と現在の二重性が融合し、同一化できていたかの問題だと言える。この融合がなければ、「祖仏」は共に死滅するほかないからだ。

念仏だけが浄土へ至る道だという考え方は、往路からも還路からも理解し、易行道と見ることができる。だが往路から見れば、易行が成就したらそのあとは難行に向かうという考えがつきまとう。現に『恵信尼書簡』は、親鸞自身でさえその迷いを捨てきれない場面があったことを伝えている。それならば、弟子たちが法文を学ぼうと考えたり、親鸞の折り返して還路に至った過程を、親鸞自身の口から聴聞したいと考えて、はるばる京都まで訪れてきたのは当然ではないか。

もちろん親鸞には、それはよくわかっていた。親鸞の怒気は、ある意味では、弟子たちに自分の姿を見たからだと思える。親鸞と訪れた弟子たちとは、往路と還路ほどちがって、しかも同じことに当面していた。そしてこの同じことというのは、往路と還路ほどぶつかり合う路であるにもかかわらず、念仏者として同行すべき路だった。なぜそんなことになるのか。それは、知識・修行・戒律よりも、「現在」の情況に当面しているかぎり現在の方が重たいことを悟っているかいないかの相違だということだけであった。人間の意志とか判断とかも、自他を殺すことも、「祖仏共ニ殺ス」こともできるものだ。それは、仏教者であるかぎり誰でも心得ている。けれど社会的な情況が、人間の知識や修行を殺すことがあり得る。ということは、現実の情況にかかわりない知識や修行を主意として、自分が往路でやってきた修行や知識の蓄積は、『教行信証』のなかに取り集めて、すべて捨てる。その上で、「地獄は一定」わが住家だと納得できたら、自分もまた往路の弟子たちと同一化できるはずだ。人間は忘れたいと思うことを忘れることができる。還路にあって、往路と同一化することができるとすれば、易行道と最後の難行道を同一化することもできるはずだ。地獄に落ちても悔いはない。この親鸞の考え方は、十余国の山河を越えて訪れてきた弟子たちにはわかりにくかった。彼等は往路の途次に浄土門に出遇った念仏者にほかならなかったから、知識的な理解も加われば加わるほど、念仏の理念を助けるものだったからだ。

また修行もいらないし、経文も読む必要がないとすれば、余力として残っている上向する心は、何に向かえばいいのか。上に向かうことも下に落ちることもできないとすれば、どこへ向けて歩むのか。近いけれど遠い路を探すよりほかない。近いけれど還路とは、「永遠」に対する「現在」という象徴にほかならないと言える。親鸞の、「永遠」に至る路を語る言葉の裏に怒気が含まれていると思える。

言い換えれば、京都まで親鸞を訪れてきた弟子たちの言葉と行動のなかには、「永遠」と「現在」との絶対的と言っていい矛盾があった。弟子たちは、向上しようとする往路にあって、念仏だけでいい、そのほかに経文も修行も、また、仏像やお寺もいらないという易行を説かれ、帰依した。それなら向上しようとする意志は、どこへ向かえばいいのか。経文の知識を蓄積することも無用だし、善行を積むこともいらない。

とすれば、向上しようとする往路をどうすればいいのか？

『恵信尼書簡』に残しているように、親鸞自身でさえ、時に迷うことがあった。法然は、愚者になって往生できると言えばよかった。親鸞にとっては、「悪」（絶対他力）よりほかに残された方途はないと思われた。これが関東から訪れた弟子たちを前にして、「念仏をとられるのも、念仏を捨ててしまうのも面々のはからいだ」とか、「わたしは地獄が一定、じぶんの住家だ」と思っているという、断崖に面したような言葉を説いた親鸞の真意のように思える。

世々の順次生で、衆生は誰でも、父母は仏になり兄弟姉妹は子から父母になることができるのは、念仏者になったときだ。これは絶対他力を糧にすれば可能だというのは、親鸞が信じてやまないところだった。念仏、絶対他力だけが、信と不信を同一化できると考えたからだ。

しかし、「現在」に生きるわたしたちのような不信の徒からみると、この親鸞の確信が「永遠」の時に耐えるかどうかわからないと思える。往路にある衆生と還路にある親鸞の距たりが同一化できないかぎり、信と不信とは同一化されるはずがないと思えるからだ。わたしたち衆生が不信なのは自分が父母になりうるのは自然だが、父母から仏になるためには、信が必要なはずだと思えるからだ。

もちろんそんなことは、親鸞は百も承知だった。自分を煩悩のさかんな凡夫になぞらえたり、「定聚ノ数ニ入ルコトヲ喜バズ」と告白しているのは、それを知っているからだったに違いない。たぶん親鸞は、「絶対他力」という糧によって、衆生は誰も「自然」の方に向かって無限に近づくことができると考えた。それが信と不信を同一化することだったから。親鸞自身もまた、じぶんのなかにある信と不信を同一化しようとしたに違いない。それが「永遠」に耐える残された道と思えたからだ。

もしかすると、こんなことを言うのは、不信者の自己弁解に過ぎないかもしれないが、どうしても言ってみたかった。

あとがき

ここ数年来書いてきた文章のなかで、ここに収録された論稿は、わたしにとってもっとも愛着の深いものである。この愛着というのは、執念をもやして打ち込んだ（打ち込んだにはちがいないが）ということとすこしちがっている。相応に、むきな貌をして対象にむかったが、いつもうまく感情移入や思想移入ができたときの安堵感のようなものがあった。そのことを執着というよりも、愛着と呼んだほうがふさわしいと感じている。

「聞書・親鸞」として、ここに収録された文章の大部分をふくめた連載が、春秋社の小雑誌『春秋』誌上ではじめられたのは、昭和四十六年十二月号からであった。山折哲雄氏、小関直氏に助けられながら、覚束ないお喋言りのテープをおこしては、断続的に掲載してきた。途中からは、わたしの方が深みにはまり込んだときのくせで、お喋言りを収録するという形がもどかしくなり、書くという作業に移ってしまった。するとなおさら仕事は困難を加え、もはや断続的な掲載というよりも、途切れ途切れに気息をつないでいるような発表の形になってしまった。その間に、わたしの親鸞にたいする像はいくらか変容していったような気がする。あるいは、深化していったといってもよいのかもしれぬ。そして、ほぼじぶんなりの親鸞像を把むことができるようになった。一介の批評家の仕事としては、これだけのことができれば充分である。わたしは、この数年にわたる「聞書・親鸞」のうちから択んだ文章と、それから派生した「ある親鸞」と題する別稿とで本書を構成した。もっと極端にいえば「最後の親鸞」という文章だけで本をつくってもいいと思った。わたしが親鸞の著作を眼前にして云いたいことは、すべてこの本に云いつくされている。あとは読まれる人々にうまく主意が伝わるのを願うだけである。

この本が成立するについては、資料その他について、春秋社の小関直氏に量りしれない恩恵をうけた。春秋社の方々、山折哲雄氏、島亨氏はじめ、たくさんの人たちからも御協力をいただいた。装幀については安達史人氏の、また、口絵の「熊皮の御影」については、奈良国立博物館の西村博美氏らの御好意をいただいた。これらの諸氏に心から感謝の意を表したい。

昭和五十一年十月一日

吉本隆明

初出一覧

序　『増補最後の親鸞』昭和五十六年七月二十五日
最後の親鸞　『春秋』昭和四十九年一月～二・三月合併号
和　讃　『春秋』昭和五十年八・九月合併号
ある親鸞　『伝統と現代』昭和五十一年五月、第39号
親鸞伝説　『春秋』昭和五十一年七月号
(以上四篇、『最後の親鸞』昭和五十一年十月三十一日、春秋社刊、初収録)
教理上の親鸞　『増補最後の親鸞』昭和五十六年七月二十五日
永遠と現在　『アンジャリ』平成十四年一月、第2号

解説　二十一世紀へむけた思想の砲丸

中沢新一

『最後の親鸞』をはじめて読んだとき、私はいろいろな意味でびっくりした。そこに自分が心から出会ってみたいと思っていた考え方が、一点の曇りもないような明確さで、はっきりと述べられていたからである。私は数年間かけてチベット仏教を現地で学んで、日本へ戻ってきたばかりだった。その頃抱えていたいくつもの疑問に、この本は真っ正面から答えてくれたのである。そんな体験はそれまでなかったことだから、この本をとおして、私は「思想」ということの意味を、深く考えるようになった。その意味で、『最後の親鸞』は、私にとって大きな意味を持つ本でありつづけてきた。

学生の頃に、私は自分のまわりであらゆる種類の「理念」が、がらがらと解体をおこしているのを目撃していた。とくにそれはマルクス主義のような政治的「理念」の場合にいちじるしく、「理念」の説いていることと、現実の世界でおこっていることとのあいだには、越えがたい溝がぱっくりと深淵をのぞかせていた。そのとき、しゃにむに「理念」の側に飛び移ろうとした人々のとった過激な行動を見ていると、自分では「科学的」であることを標榜しているこうした「理念」が、じつは「宗教」と同じ本質をもった、人間のつくりだす幻想のかたちのひとつなのではないかということが、はっきり見えてきてしまったのである。

そこで、マルクス主義をつくっている「理念」から、「宗教」と同質な部分を分離して取り出し、それでさっぱりした残りの部分から可能性をもういちど探り出そうという、さまざまな試みがおこなわれた。しかし、そういう試み（たとえば、構造主義によるマルクス主義の再解釈など）によって、「理念」からいちおう「宗教」と同質の部分は分離されたかのように見えたけれども、「宗教」というものの手強さや強靭な生命力に対する認識を欠いていたために、けっきょく「宗教」と同質な部分は解体されることなく、ゾンビのように放置されてしまったのである。そのために、ふたたび人間の思考のうちに「理念」的なものが目覚めるとき、そこにはまたもや「宗教」と同質の思考回路がよみがえってきてしまうことになる。

こういう悪循環を断つためには、「宗教」を思考の外に放り出してしまうことでけりをつけるのではなく、「宗教」の思考の内部に踏みとどまって、これを内側から解体しつくすことができるのでなければならない。そうでないと、それはかたちを変えて、際限もなく人間の思考にまつわりつづけることになってしまうだろう。

私はこの「宗教」の内部から「宗教」を解体し、乗り越えていく思想というものを探して、わざわざチベット人のところまででかけていって、いちおうそういう思想に出会うことは出会ったのだが、それをおこなうために、私はあまりにも深く「宗教」の世界にはまりこみすぎてしまっていた。チベット人の思想の場合、「宗教」の内部から「宗教」を食い破っていくようなこの「非宗教の教え」は、分厚く構築された彼らの「宗教」の全体系の中に深々と埋め込まれてあるために、せっかくそれに手を触れることができたとしても、そこからひと思いに「非宗教」へ横超することなど、ほとんど不可能に見えた。私は「宗教」的なるものの豊饒さの海で溺れかかり、もがいていた。

そのとき、『最後の親鸞』を読んだのである。この本の持つ解放力にはすさまじいものがあった。人間がつくりだす「思想」というものの本質的な部分に、「宗教」の思考方法（これは具体的な宗教の形態の違いをこえて、思考の内部で働いているある種の普遍性をもった人類学的構造なのである）が、ちょっとやそっとのことでは壊れない強靭さをもって働き続けていることを十分に承知したうえで、それを解体に導いていくには、どのような道をたどればよいのかという巨大な問いを、吉本隆明はこの本のなかで立て、それにひとつの明確な答えをあたえていた。

ふつうの学者や小思想家たちは、「宗教」などというものは、すでに近代があらかた処理しつくしてくれたものとして、自分の思考の外に放り出しておいても、災いはやってこないとたかをくってやってきた。そのあげくが、これらの「近代主義者」たちは、政治的「理念」という「宗教」の変形物の虜となって、自ら世界に災いをふりまいてきたのである。そういう人々のイージーな思考への仮借のない批判者であり続けてきた吉本隆明は、この本のなかでついに問題の核心部に踏み込んだのである。

しかもいかにも詩人思想家らしいやり方で、親鸞の仮面（仕事が深まっていくにつれて、とうとうその仮面は思想家の顔面にくっついて離れない「肉付面」となっていったのだが）を自らの思考に着装しながら、この困難な仕事に挑んでいったのである。そのとき吉本隆明のしめしてみせた思考の所作のすさまじさを目の当たりにして、「宗教」の迂路に巻き込まれてもがいていた私は、すっかりと目が覚めた。「宗教」の内部に踏みとどまって、「宗教」を内側から解体するという困難な仕事は、デリダのような現代の西欧の思想家のうちの誰ひとりとして満足に果たすことができないままに、ただ問題の周辺をうろついていただけなのである。それを一人の日本の思想家が、独力でここまで完遂してみせたのだ。世間の人たちはそのことにもっと驚いていい、と私はそのとき思った。

吉本隆明はこの本のなかで展開された思想の仕事を、親鸞との「同行二人」でおこなっている。この組み合わせには、深い必然性がある。親鸞が浄土思想のなかで立っていた場所と、吉本隆明が現代思想のなかで立っている場所とが、きわめて類似した構造をもっているからである。親鸞の思想は、日本浄土教の思想的展開の最終の場面にあらわれて、これをついに「非知」の領土に着地させてしまったものである。仏教をひとつの「宗教」の体系として見る限りは、それは「宗教」としての仏教思想の解体を意味していることになる。このあたりのプロセスを、もう少し詳しく見てみよう。

じっさい日本の仏教は平安時代の末から鎌倉時代にかけて、実質的な解体のプロセスに入り始めているのである。その中心となったのは比叡山で、そこの学僧たちのあいだで天台教学は、「本覚論」と「浄土思想」のふたつの方向に分裂しながら発達していく様相をしめしていた。本覚論は仏教思想の全体に通奏低音のように流れている二元論を、強力な一元論に組織し直してしまおうと試みている。

伝統的な仏教の考えでは、現世は煩悩の潜在力が生み出す幻想の世界として否定すべきものであり、その煩悩を消滅させたところにあらわれる涅槃ないし浄土とは、まじりあうことも溶け合うこともないとされていたのである。ところが本覚論では、その煩悩も涅槃（浄土）も、同じ仏心から生み出されたものとしてほんらいは一体であり、煩悩と涅槃の区別はない（煩悩即菩提）と考えはじめたのである。ここから、植物にさえ成仏の可能性がある、あるいは煩悩の少ない植物のほうが動物や人間よりも仏としての存在に近いとまで考えられたり、煩悩まみれの凡夫こそが、その煩悩を悟りに転換させる可能性を持つ、もっと極端なことを言えば、大きな「悪」をなしたもののほうが、よりすみやかに悟りに近づくことができるという主張までおこなわれるようになった。こういう一元論思想の主導者として名前があげられるのが、源信（恵心僧都）である。

いっぽうほとんど同じ頃に、これまたほとんど同じ場所で発達していった浄土思想では、仏教思想に潜在する二元論は、さらに過激なものに変貌をとげようとしていた。末世の感覚の強烈なその頃、煩悩がつくりあげる世界は「濁世」と呼ばれて、内面的に否定する段階をこえて、進んで捨て去るべき対象と考えられるようになった。またそこでは、学問や徳のある者も、そんなものにはとんと縁のない凡夫も、同じ衆生であることには、すでに変わりないものになりかかっていた。浄土と現世の距離は絶対的なへだたりとなり、このとてつもないへだたりを超えて、阿弥陀仏の慈悲はこのような衆生に注がれるのである。興味深いことに、このような極端な二元論思想の主導者の名前もまた、源信なのだ。

一元論的な本覚論と二元論的な浄土思想という、ふたつの対極的な方向に分裂展開していくことによって、日本の仏教は、インド発生の仏教思想を内側から解体していく方向に、すでに実質的に歩み出していたのだと言える。しかしその解体運動は、あくまでも一部のエリート学僧のあいだで実践されていたにすぎず、そのようなエリート思想のはまりこむべき必然として、閉鎖的なサロンのなかで語りあい伝えられる、一種の密教であるにとどまったのだった。

しかしそれでも、日本仏教がすでに解体への予感をはらんでいたことは、まちがいない。そのような状況のなかに、法然と親鸞はあらわれたのである。二人の共通点は、本覚論と浄土思想が流行であった頃の比叡山で、学問を積み上げてきたすえに、その「お山」に見切りをつけて下山して、「悪人」や「愚者」にみちみちた巷の人間のあいだに、進んでまぎれ込んでいったというところにある。「最後の親鸞」はその法然から親鸞が思想において「紙一枚」の違いをもって離れていく微妙なプロセスを、細密な手さばきで追っていくところから開始されている。

法然は当時の比叡山に展開されていた本覚論にも浄土思想にも、納得のできないものを感じていた。それはひとことでいって、どちらの思想も高度な学問を積んだ「知者」たちのことばで語られる「理念」として、現実にまみれながら育ったものでない、という点にある。草木と衆生とのあいだになんの違いもないと考えられた思想でも、じっさいに草木の「意識」に入り込んでみることができなければ、ただの観念にすぎないように、もともと悟っている（本覚）と言われる凡夫に、その思想は少しも手を差しのばせないままであるし、阿弥陀仏の大慈悲はあまねく衆生に注がれていることが説かれていても、お山でおこなわれている浄土思想は、ただ恵まれているものだけに安心を与えているにすぎない。そこで法然は「念仏ヲ信ゼン人ハ、たとひ一代ノ法ヲ能々学ストモ、一文不知ノ愚とんの身ニナシテ、尼入道ノ無ちノともがらニ同しテ、ちしやノふるまいヲせずして、只一かうに念仏すべし」（「一枚起請文」）と表明するにいたるのである。知の働きがむくむくと心のなかに起きあがるとき、そこには自力の観念力が発生する。それは阿弥陀仏の衆生を救い取ろうとする絶対的な力は、その人の上によく働くことができないために、「往生」はおぼつかないことになる。「きっと往生できる」ためには、知識や知識人ぶったふるまいをすっかり捨てて、むしろ「愚者」になることができなければならない。このような法然の思想に感銘した親鸞は、たとえ法然上人にだまされていて、念仏を唱えたから地獄に堕ちたとしてもいっこうにかまわないという決意をもって、念仏思想のなかにとびこんでいっている。

　しかし、その法然の思想にたいして、「紙一枚」の微妙さでずれている親鸞の思想の、そのずれにこそ重大な問題がひそんでいる、と吉本隆明は考えるのだ。

> 親鸞には、この課題そのものが信仰のほとんどすべてで、たんに知識をすてよ、愚になれ、知者ぶるなという程度の問題ではなかった。つきつめてゆけば、信心や宗派が解体してしまっても貫くべき本質的な課題であった。そして、これが云いようもなく難しいことをよく知っていた。
> 　親鸞は、〈知〉の頂きを極めたところで、かぎりなく〈非知〉に近づいてゆく還相の〈知〉をしきりに説いているようにみえる。しかし〈非知〉は、どんなに「そのまま」寂かに着地しても〈無智〉と合一できない。〈知〉にとって〈無智〉と合一することは最後の課題だが、どうしても〈非知〉と〈無智〉とのあいだには紙一重の、だ

が深い淵が横たわっている。（……）そうならば宗教をはみ出した人々に肉迫するのに、念仏一宗もまたその思想を、宗教の外にまで解体させなければならない。最後の親鸞はその課題を強いられたようにおもわれる。（「最後の親鸞」）

この課題を自分自身に強いていくことによって、親鸞はいつのまにか浄土思想そのものがいぜんとして抱えていた、「宗教」としての枠組みまで解体してしまうことになった。親鸞のなかでは、自分は煩悩のつくる世界を否定しているということを外に向かって表示する、いっさいの「僧」のしるしなどなんの意味ももたないものになっていったし、念仏を選ぶかそれとも捨ててしまうかの決断でさえ、「面々の御計」として、各人の自由にまかされてしまっている。こうして、親鸞の思想のなかでは、「信心」でさえ、もはや「理念」や「宗教」への信仰などから、自由になってしまった。

それどころか、親鸞の思想では、エリート僧たちの高度な知識であった本覚論が、まだひとつの逆説として表現している風情のあった「造悪」や「自然」の問題までが、最終的な地点にまで展開されつくしている。吉本隆明は親鸞が切り出してみせた「造悪論」のなかに、未知の倫理の発生すら予感しているのだ。

このようにして語り出された吉本隆明の「親鸞」は、そこに語られている宗教的な概念やことばづかいのすべてを、いまの私たちがかかえている思想的な課題の地平に、そっくりそのまま変換して理解することができるし、そこから新しいものの考え方を引き出してくることも可能なように書かれている。この本は宗教を扱った本のように見えて、人間の思考の普遍性に関わる本なのだ。中世という時代に親鸞ほどに深く鋭く考えた人はいなかったように、私たちの時代に吉本隆明ほど深く鋭く考えぬいた人もいない。『最後の親鸞』はその彼が、二十一世紀に向かって遠く投げ出した思想の砲丸なのである。

本書は、一九八一年七月二十五日、春秋社刊の『増補 最後の親鸞』にエッセイ一篇を加えたものです。単行本に付されたカラー口絵と別冊は省きました。

ちくま学芸文庫

最後《さいご》の親鸞《しんらん》

二〇〇二年九月　十　日　第　一　刷発行
二〇二五年四月二十日　第十七刷発行

著　者　吉本隆明（よしもと・たかあき）

発行者　増田健史

発行所　株式会社　筑摩書房
東京都台東区蔵前二―五―三　〒一一一―八七五五
電話番号　〇三―五六八七―二六〇一（代表）

装幀者　安野光雅
印刷所　株式会社精興社
製本所　株式会社積信堂

ISBN978-4-480-08709-6 C0115